यहाँ वहाँ कहाँ

हटो मंज़िलो रास्ता दो कि अब मैं
भटकने की ख़ातिर सफ़र कर रही हूँ

यहाँ वहाँ कहाँ

दीप्ति मिश्र

वाणी प्रकाशन

वाणी प्रकाशन
4695, 21-ए, दरियागंज, नयी दिल्ली 110 002

शाखा
अशोक राजपथ, पटना 800 004

फ़ोन: +91 11 23273167 फ़ैक्स: +91 11 23275710

www.vaniprakashan.in
vaniprakashan@gmail.com
sales@vaniprakashan.in

YAHAN WAHAN KAHAN
by Dipti Mishra

ISBN : 978-93-87648-06-7
Poetry/Ghazal

प्रथम संस्करण
मूल्य : ₹ 350

सिटी प्रेस, दिल्ली-110 095 में मुद्रित

वाणी प्रकाशन का लोगो मक़बूल फ़िदा हुसेन की कूची से

—समर्पण—

न दिल की सुनती हूँ, न दिमाग़ की
आत्मा की सुनती हूँ
क्योंकि सुन सकती हूँ
उसी को समर्पित
जिसकी सुनती हूँ

वक़्त के काग़ज़ पे ख़ुद को लिख रही हूँ
शायराना ज़िन्दगी का फ़लसफ़ा मैं

भूमिका

अच्छे शे'र को किसी की सिफ़ारिश या इजाज़त की ज़रूरत नहीं होती। वो जब चाहता है जहाँ चाहता है, बिना किसी पूछताछ के पहुँच जाता है। कई बरस पहले, इसी तरह पाकिस्तान से एक शे'र बम्बई में मेरे पास आया था, शे'र था—

सदियों से मेरे पाँव तले जन्नते-इन्सां
मैं जन्नते-इन्सां का पता पूछ रही हूँ

इस शे'र की शाइरा पाकिस्तान निवासी अदा बदायूँनी थीं। इस शे'र में, मर्दों की दुनिया में औरत की आवाज़ गूँजती हुई महसूस होती है। जो मर्द शाइरों की सोच और इज़हार के तरीक़ों से अलग है। मर्द क़लमकारों ने माँ को अपनी नज़र से देखा और उसके तसब्बुराती रूप को लिखा। लेकिन औरतों ने जब अपने आईने में अपनी हक़ीकी शक्ल को देखा, तो उनकी आवाज़ में वो कड़ुवाहट और तंज़ झाँकता नज़र आया जो आज़ादी के बाद की औरत की आवाज़ थी।

अदब में औरत की आवाज़ आज़ादी से पहले सुनाई देने लगी थी। उसके लफ़्ज़ों में बग़ावत के तेवर उभरने लगे थे। इस्मत चुग़ताई, रशीद जहाँ, कमलादास, सरोजिनी नायडू की रचनाओं में इन तेवरों को देखा जा सकता है। दीप्ति मिश्र इसी लम्बी परम्परा का मौजूदा तसलसुल हैं। उनके साथ की लिखने वालियों में कई नाम हैं, इन नामों की भीड़ में दीप्ति जी का अपना चेहरा है जो दूसरी आवाज़ों में अलग से सुनाई देता है।

दीप्ति जी हिन्दी/उर्दू शाइरी का एक जाना-पहचाना नाम हैं। वो पिछले कई सालों से सुनाई भी दे रही हैं और किताबों में दिखाई भी दे रही हैं। वो अब ग़ज़लों-नज़्मों के कई संग्रहों की शाइरा बन चुकी हैं। उनके कई

शे'र किताबों से बाहर आकर अक्सर महफ़िलों में सुनाई देते हैं, ये उनकी क़लमकारी की बड़ी कामयाबी है। आज के भागते-दौड़ते समय में शाइरी का इस तरह याददाश्त का हिस्सा बन जाना, मामूली बात नहीं है। यह दीप्ति जी की ऐसी विशेषता है जो कहीं-कहीं और कभी-कभी नज़र आती है। फ़हमीदा रियाज़ और परवीन शाकिर की तरह उनके भी कई शे'र मशहूर हैं। लेकिन दीप्ति और पाकिस्तान की शायरात में विचार और इज़्हार के स्तरों में काफ़ी फ़र्क भी है। फ़हमीदा और परवीन के शब्दों में जो औरत नज़र आती है उसकी समस्याओं का दायरा, दीप्ति की सोच की औरत से मुख़्तलिफ़ है। दीप्ति के यहाँ जो औरत मिलती है, वो मर्दों से अपनी बराबरी का इसरार करती है, अपनी मर्ज़ी से इन्कार और इक़रार करती है, मर्द-औरत के रिश्ते के नये मूल्यों का शुमार करती है, लेकिन इन सारे विद्रोहों के बावजूद, वो सिर्फ़ एक इकाई रहती हैं, यह इकाई समाज और मुआशरे से ज़ियादा जुड़ी दिखाई नहीं देती। दीप्ति के अशआर में समाज नज़र तो आता है मगर वो उनकी ज़ात तक ही सीमित रहता है। अंग्रेज़ी फिक्शन में जेन ऑस्टिन की तरह दीप्ति की सोच की अपनी सीमाएँ हैं उनकी दुनिया छोटी ज़रूर है, लेकिन वो इस छोटी-सी दुनिया के हर मंज़र से परिचित नज़र आती हैं। इसी जुड़ाव ने उनकी भाषा का स्वभाव रचा है जो खुसरो और कबीर से होती हुई उन तक आयी है। यह न डॉक्टर इक़बाल और ग़ालिब की उर्दू है न निराला और अज्ञेय की हिन्दी। दीप्ति जी की रचनाओं में जो भाषा मिलती है उसे गाँधी जी की हिन्दुस्तानी कहा जा सकता है–

तुम्हें किसने कहा था तुम मुझे चाहो बताओ तो
जो दम भरते हो चाहत का तो फिर उसको निभाओ तो

मेरी चाहत भी है तुमको और अपना घर भी प्यारा है
निपट लूँगी मैं हर ग़म से तुम अपना घर बचाओ तो

दीप्ति जी की शाइरी में जिस औरत के दर्शन होते हैं वो उस औरत से मुख़्तलिफ़ है जिसको सदियों से समाज में दिखाया जा रहा है। इसमें नये भारत की नयी औरत नज़र आती है, ये वही औरत है जो आज का ज़िन्दा वुजूद है।

–निदा फ़ाज़ली

दीप्ति मिश्र की रचनाएँ व्यक्तित्व में अस्तित्व की खोज करती हुई सकारात्मक रचनाएँ हैं

रचना चाहे किसी भी विधा में हो, न्यूनाधिक रूप में रचनाकार के व्यक्तित्व और अस्तित्व का प्रतिबिम्ब होती है। दीप्ति मिश्र के इस संग्रह में यह बात पूरी तरह से चरितार्थ होती है। जो लोग दीप्ति से मिले हैं वे उनके कोमल व्यवहार और वाणी की विनम्रता के साथ-साथ उनके व्यक्तित्व की दृढ़ता और उनके अस्तित्व की सच्चाई के शालीन खरेपन से भी अच्छी तरह परिचित होंगे। उनकी रचनाओं में भी उनका व्यक्तित्व और अस्तित्व 'बर्फ़ में पलती हुई आग' की तरह है। वे जैसी हैं वैसी ही अपनी रचनाओं में हैं। छद्म-रहित, निश्छल और सच्ची। उनमें जो है, जैसा है, उसे वे नकारती नहीं हैं, वरन स्वीकारते हुए डंके की चोट पर कहती हैं– 'है तो है'।

दीप्ति की कविताओं के केन्द्र में नारी अस्मिता और नारी के अस्तित्व के लिए छेड़ी गयी लड़ाई का संकल्प है, ये बात अलग रही कि इस बिन्दु पर जो वृत्त बनता है उसमें प्रेम, अध्यात्म और जीवन-दर्शन के बिन्दु भी आकर नये-नये वृत्त बनाते हैं। वे 'अनुभूति' और 'अभिव्यक्ति' इन दो शब्दों को सर्वाधिक महत्व देती हैं। उनकी दृष्टि में 'अनुभूति' 'अभिव्यक्ति' से बड़ी चीज़ है। विश्व प्रसिद्ध मनोवैज्ञानिक और साहित्यालोचक 'क्रोचे' ने भी अनुभूति, जो अभिव्यंजना का ही दूसरा रूप है उसे अभिव्यक्ति से बड़ा माना है। वे इस अभिव्यंजना को ही कविता मान लेते हैं और कविता के लिए अभिव्यक्ति की आवश्यकता नहीं है, यह घोषणा करते हैं। दीप्ति 'अनुभूति' को अक्षर मानती हैं और 'अभिव्यक्ति' को शब्द। अक्षर और अनुभूति उनके लिए 'अस्तित्व-रूप' है और शब्द तथा अभिव्यक्ति

'व्यक्तित्व-रूप'। अनुभूति और अभिव्यक्ति अर्थात अक्षर और शब्द की सत्ता से नारी अस्मिता को जोड़ते हुए वे नारी अस्मिता को केवल 'अक्षर' मानती हैं। 'अक्षर' अर्थात जिसका कभी क्षरण नहीं होता, जो सदैव है। इसी बात को स्पष्ट करते हुए वे अपनी एक कविता में कहती हैं–'अनुभूति की सीमा में 'अक्षर' अक्षर है। किन्तु अभिव्यक्त होते ही शब्द बन जाता है... और फिर से आरम्भ हो जाती है एक नयी यात्रा। शब्द, वाक्य, अनुच्छेद, अध्याय और ग्रन्थ की/ ...काश! कोई छीन ले मुझसे मेरी सारी अभिव्यक्ति/ और...अनुभूत हो मुझे 'अक्षर'/सिर्फ़ और सिर्फ़ अक्षर।'

आशय यह है कि दीप्ति का अपना अस्तित्व उनकी कविताओं में पूरी तरह से व्याप्त और समाहित है। उनकी कविताएँ दर्पण हैं जिनमें वे झलकती हैं। उनकी कविताएँ ऐसी मेघ-मालिकाएँ हैं जो आप पर अपनी सहजता का नीर बरसा जाती हैं। अब आप उन्हें आँसू कहें या करुणा। ये आपकी मर्ज़ी...उनकी कविताएँ वे कलिकाएँ हैं जो जब मुस्कराती हैं तो सारी सृष्टि में उनके मुस्कराने के नये-नये अर्थ खुलते हैं। ...उनकी कविताएँ दिखने में तो शब्द हैं, अभिव्यक्ति हैं किन्तु उनमें अक्षर की सत्ता अर्थात अस्तित्व की सत्ता का साम्राज्य है। अक्षर की सत्ता अर्थात नारी के अस्तित्व का साम्राज्य। ...जैसे मन्दिर में होती तो मूर्तियाँ हैं किन्तु हम दर्शन करते हैं भगवान के। ऐसे ही इस काव्य-संग्रह में दिखती तो रचनाएँ हैं किन्तु हम दर्शन करते हैं दीप्ति के अस्तित्व के। नारी के अस्तित्व के...और आगे बढ़कर किसी भी व्यक्ति के अस्तित्व के।

दीप्ति की इन कविताओं में कथ्य की जितनी गहराई है उतनी ही शिल्प की दृष्टि से भी ये कविताएँ एकदम खरी हैं। भाषा, प्रतीक और बिम्ब सभी दृष्टियों से काव्योचित। इन कविताओं की सबसे बड़ी विशेषता ये है कि इनमें कविता के साथ-साथ कथा-तत्व एवं नाट्य-तत्व भी अपनी पूरी गरिमा के साथ उपस्थित है, नाट्य-तत्व का अर्थ केवल नाटकीयता नहीं बल्कि कविता का हर शब्द एक पात्र की हैसियत से कविता के मंच पर आता है, उस पात्र की हैसियत से जो अपने अस्तित्व को ज़ाहिर कर रहा होता है, ज़ाहिर होने की एक्टिंग नहीं। पात्र और किरदार की एकरूपता दीप्ति की कविताओं का सबसे आकर्षक बिन्दु है। इसका कारण यह है कि

दीप्ति केवल कवयित्री या शायरा ही नहीं एक अदाकारा भी हैं। कितने ही टीवी सीरियलों में उन्होंने अपने जोरदार अभिनय से अपनी पहचान बनाई है। दीप्ति की इन कविताओं में इन तत्वों ने आकर उन्हें और भी रोचक और सम्प्रेषणीय बना दिया है। ये कविताएँ पाठकों और श्रोताओं से संवाद भी करती हैं और सोचने की दिशा भी दे जाती हैं। कविता अगर सोचने की दिशा न दे सके तो फिर वह कविता क्यूँ है। अगर व्यक्ति के सामने वे उसका आईना बनकर न आ सके, उसके अस्तित्व को न दिखा सके तो फिर उनके होने का क्या फ़ायदा। दीप्ति की रचनाएँ वास्तव में वे रचनाएँ हैं जो जिनके पास जाती हैं उन्हें भी किसी न किसी प्रकार से सकारात्मक रचनाशीलता से जोड़ देती हैं। उनका उनके अस्तित्व से साक्षात्कार कराने का प्रयास करती हैं।

यह काव्य-संग्रह दो खण्डों में विभक्त है। एक कविता-खंड और दूसरा ग़ज़ल-खंड। अपनी ग़ज़लों के केन्द्र में भी दीप्ति ने 'अस्तित्व' को ही उच्च स्थान दिया है। भले ही यहाँ विधागत परिवर्तन हो गया हो किन्तु दीप्ति की अस्तित्ववादी सोच में कोई परिवर्तन नहीं हुआ। ग़ज़ल क्योंकि एक ही बहर में रदीफ़ और काफ़ियों के समुचित प्रयोग के साथ अनेक अश्आर के समूह का नाम है इसलिए अपनी संरचना पद्धति में वह अन्य विधाओं से विशेष है। ग़ज़ल विधा अन्य विधाओं के मुकाबले स्वयं में एक विशिष्ट विधा तो है ही, किन्तु दीप्ति की ग़ज़लें पढ़ कर उनकी विशिष्टता का एक नया ही रंग देखने को मिलता है। यह रंग सबसे अलग इस मायने में है कि उनमें उस अस्तित्व का निहितार्थ व्याप्त है, जो व्यक्ति के व्यक्तित्व के भीतर की अपनी अलग पहचान के रूप में समाहित और सुरक्षित है।

आजकल जो ग़ज़ल-संग्रह प्रकाशित हो रहे हैं या पत्र-पत्रिकाओं में जो ग़ज़लें प्रकाशित हो रही हैं उनमें से बहुत कम ऐसी ग़ज़लें हैं जो ग़ज़ल की संरचना की दृष्टि से खरी उतरती हैं, किन्तु यह कहते हुए मुझे प्रसन्नता का अनुभव हो रहा है कि इस संग्रह की ग़ज़लें, चाहे छोटी बहर में हों या 'बहरे तबील' में, छन्द की दृष्टि से खरी ग़ज़लें हैं। आज की ग़ज़ल के अन्य मानकों जैसे भाषा की मुहावरेदारी, प्रतीकों की नवीनता, ग़ज़ल की 'कहन' तग़ज़्ज़ुल, सम्प्रेषणीयता एवं सूक्तिमयता की दृष्टि से भी ये ग़ज़लें बेजोड़

हैं। ये ग़ज़लें दीप्ति के व्यक्तित्व के समान ही परम्परा और नवीनता का सुन्दर समन्वय हैं।

अन्त में, यह निसंकोच कहा जा सकता है कि इस संग्रह में संगृहीत, अपने अस्तित्व की खोज में निकली दीप्ति की ये कविताएँ, ये ग़ज़लें, सभी रचनाएँ उनकी अपनी पूरी निष्ठा और अपने पूरे कलात्मक अनुभव के साथ पाठकों को आकर्षित करती हैं और दिशा निर्देश भी देती हैं। इन रचनाओं का करिश्मा ये है कि जितना-जितना हम इन रचनाओं में सीढ़ी-दर-सीढ़ी गहरे उतरते हैं उतना-उतना हम एक-एक सीढ़ी ऊपर चढ़ते जाते हैं। चिन्तन की सीढ़ी, अनुभव की सीढ़ी, जीवन की सीढ़ी और अपने अस्तित्व को पहचानने की सीढ़ी। गहराइयाँ ही तो ऊँचाइयों का आकलन कराती हैं। हम जिस गहराई में होते हैं वहीं से ऊँचाई शुरू होती है और ये ऊँचाई की शुरुआत ही ऊँचाई के शिखर की पहचान है। गहराइयों में ऊँचाइयाँ देखने का अगर किसी का मन हो तो इन रचनाओं में अवगाहन करे...और हाँ जो अपने अस्तित्व की रक्षा में लगा है वह इस संसार में दूसरों को भला क्यों रास आयेगा। इस तथ्य को समझते हुए हर क़ीमत पर अपने अस्तित्व को बचाए रखने के लिए।

किसी भी हद तक जाने वाली, किसी भी सोच के गहरे महासागर में उतरने वाली, दीप्ति की इन बेबाक पंक्तियों के साथ अपनी लेखनी को विराम देता हूँ जिन्हें पढ़ कर कोई सोचे तो सोचता रह जाये–

सोचती हूँ कि मैं सोचना छोड़ दूँ
या तो फिर सोच की सब हदें तोड़ दूँ

जिस तरफ़ एक तूफ़ान उठने को है
उस तरफ़ अपनी कश्ती का रुख़ मोड़ दूँ

–डॉ. कुँवर बेचैन

अनुक्रम

कविताएँ

ग़ज़लें

कविताएँ

अनुभूति की सीमा में
अक्षर 'अक्षर' है
किन्तु अभिव्यक्त होते ही
'शब्द' बन जाता है।
और फिर से आरम्भ हो जाती है...
एक नयी यात्रा
शब्द, वाक्य, अनुच्छेद, अध्याय...

शाइरा

ज़िन्दा हूँ या मुर्दा,
क्या फ़र्क़ पड़ता है?

मेरे पास अपना ताजमहल है।
ये ताज किसी याद का मोहताज नहीं।

मैं अपने जिस्म को रहल पर रख कर
रूह से पढ़ती हूँ...
रोज़ एक नया ख़्वाब दफ़्न होता है...
रोज़ एक नया ख़्वाब गढ़ती हूँ...

जी हाँ
मैं शाइरी करती हूँ!!

अक्षर

लिखते-लिखते
शब्दों के जाल में
उलझ गयी हूँ मैं!
शब्द से वाक्य
वाक्य से अनुच्छेद
अनुच्छेद से अध्याय
अध्याय से ग्रन्थ
तक की यात्रा
क्यों करनी पड़ती है
बार-बार मुझे?
मैंने तो कभी
कोई शब्द नहीं गढ़ा
फिर क्यों मुझे
शब्दों से जूझना पड़ा?
अनुभूति की सीमा में
अक्षर 'अक्षर' है
किन्तु अभिव्यक्त होते ही
'शब्द' बन जाता है!
और फिर से आरम्भ हो जाती है
एक नयी यात्रा...
शब्द, वाक्य, अनुच्छेद,

अध्याय और ग्रन्थ की
काश!
कोई छीन ले मुझसे
मेरी सारी अभिव्यक्ति
और
अनुभूत हो मुझे 'अक्षर'
सिर्फ़
अक्षर!!

घर

मुझे खिन्न देख कर–
मेरी तस्वीर मुझसे पूछ बैठी–
तुम अपने घर में अजनबी की तरह क्यों रहती हो?
मैंने खीज कर कहा–
क्योंकि मैं इंसान हूँ, दीवार पर टँगी तस्वीर नहीं
कि एक बार जहाँ टाँग दिया गया वहीं टँग गयी!
शान्त तस्वीर कुछ नहीं बोली
हमेशा की तरह मुस्कुराती रही!
मेरे जी में आया–
अपनी तस्वीर में समा जाऊँ
घर न सही, दीवार तो अपनी होगी!!

विचित्र

बहुत विचित्र थी वो–
बिल्कुल जल में कमल की तरह
जल जो उसका जीवन था
कभी सिक्त नहीं कर सका उसे!
जल-कण कुछ पल को
पंखुरियों पर ठहरते–
फिर ढलक जाते!!

बहुत विचित्र थी वो–
बिल्कुल उस बंजारन की तरह
जिसका कोई ठौर-ठिकाना नहीं!
एक पल यहाँ, दूसरे पल वहाँ
तो तीसरे पल जाने कहाँ!!

बहुत विचित्र थी वो–
बिल्कुल उस पंछी की तरह
जिसकी उड़ान के लिए आकाश छोटा था!
वो उड़ान भरती गयी...
घोंसला छूटता गया!!

जाने क्या खोजती थी वो?
जाने क्या था...जो नहीं था!!

किसी ज्ञानी ने उससे पूछा–
क्यों भटकती हो?
उसने कहा–पता नहीं!
ज्ञानी–अज्ञानी हो तुम
वो–हो सकता है!
ज्ञानी–क्या चाहती हो?
वो–यही तो जानना है!
ज्ञानी–मेरी शरण में आ जाओ
सभी प्रश्नों के उत्तर मिल जायेंगे
वो–किन्तु प्रश्न तो आप मुझसे पूछ रहे हैं
मैंने तो कोई प्रश्न पूछा ही नहीं!
ज्ञानी–पूछोगी–
पहले मुझे अपना गुरु बनाओ
वो–ठीक है...किन्तु एक समस्या है
ज्ञानी–क्या?
वो–आपको 'गुरु' बनाने के लिए
मुझे 'लघु' बनना पड़ेगा!

ज्ञानी निरुत्तर था
और
वो निश्चिन्त!!

चार चौक सोलह

बियर की एक ख़ाली बोतल, चाय के दो जूठे कप
और
वातावरण का बासीपन, बैरा उठा कर ले गया!
देखते ही देखते–
फाइव स्टार होटल का तरो-ताज़ा, भरा-पूरा कमरा
मेरे मन के साथ एकदम ख़ाली हो गया!!

कुछ देर पहले–
इस बिखरे हुए बेतरतीब कमरे में
सोफ़े की सिकुड़नों, बिस्तर की सिलवटों,
कुछ स्पर्श, कुछ गन्ध, कुछ आहटों,
कहे-अनकहे शब्दों की ध्वनियों,
क़हक़हों-खिलखिलाहटों की गूँज के बीच
तुम सबका एहसास सँजोए
अकेली कहाँ थी मैं!!

एकाकी बैठी सोच रही हूँ–
चार दिशाएँ अपने सारे पूर्वाग्रह त्याग
कुछ यूँ आ मिलीं–
कि हमारी चौकड़ी बन गयी!

एक-दूसरे की ख़ूबियाँ और ख़ामियाँ
स्वीकारते हुए, गलबहियाँ डाले,
हम चार पल, चार क़दम साथ चले!
कभी मन्दिर की चौखट चूमी
तो कभी चौगड्डा जमाया!

हममें से कोई दो होते तो वो बात नहीं होती,
तीन होते तो भी वो बात नहीं होती,
चार होते तो क्या बात होती!!

सोचती हूँ ये सब चार ही क्यों?
आठ या दस क्यों नहीं?
ये ज़िन्दगी भी तो चार दिन की है
शायद इसीलिए!!

जाने-अनजाने हम एक-दूसरे को 'वो' दे गये
'जो' स्वयं से कभी नहीं पाया जा सकता
जब-जब हम मिले 'चार चौक सोलह' हो गये
सोलह आने खरे और पूर्ण!!

कैसा अद्भुत आनन्द था
सहज-सरल और निश्छल सान्निध्य में!
दुःख इसका नहीं कि हम बिछड़ गये
सुख इसका है कि हम मिले
इतना ही यथेष्ट है!!
चियर्स!!!

(नोट—ये कविता फ़िल्म 'तनु वेड्स मनु' की शूटिंग के दौरान लिखी गयी थी राजेन्द्र गुप्ता, के.के. रैना, नवनी परिहार और मेरी बेबाक दोस्ती ही इस कविता की जन्मदात्री है।)

माँ

बच्चों को लाड़-प्यार से पाल-पोस कर
बड़ा तो कर दिया उसने लेकिन
ख़ुद वहीं अटक कर रह गयी!!

आज भी बच्चों के साथ बच्चा बन कर
खेलने को ललक उठती है!!

झूठ-मूठ में रूठ जाती है
कि बच्चे मनाएँगे!

झूठ-मूठ में रोने लगती है
कि बच्चे चुपायेंगे!

झूठ-मूठ में डर जाती है
कि बच्चे सीने से लिपटाएँगे

लेकिन बच्चे...
न मनाते हैं
न चुपाते हैं
न ही सीने से लिपटाते हैं

वो अब समझदार हो गये हैं जानते हैं
कि ये माँ का खेल है
सब झूठ-मूठ है!

बस माँ ही नहीं जानती
कि सब झूठ-मूठ है
झूठ-मूठ!!

सोच

तुम्हारी 'सोच' पर
न तो मेरा इख़्तियार था न हक़!
फिर क्यों तुमने उम्मीद जगा दी
कि तुम भी मेरी तरह सोचोगे?

तुमने जताया था,
तुमने बताया था,
तुमने दिखाया था
कि तुम औरों से अलग हो
ठीक मेरी तरह!!

जानती थी मैं
कि सब छलावा है, दिखावा है!
मगर फिर भी यक़ीन कर बैठी!
जानते हो क्यों?
क्योंकि तुम्हारे जुनून की कशिश
मुझे भा गयी थी!!

धीरे-धीरे हम क़रीब आते गये
इतने क़रीब कि न चाहते हुए भी
मुझे वो सब नज़र आने लगा

जिसे तुमने बड़े क़रीने से
ख़ुद से भी छुपा रक्खा था!

मैं कब तक आँखें बन्द रखती?
मैंने आँखें खोल दीं—
और तुम रू-ब-रू हो गये
अपनी हक़ीक़त से!!

मैंने कुछ नहीं जताया,
मैंने कुछ नहीं बताया,
मैंने कुछ नहीं दिखाया
फिर किसलिए—

आज मेरे इख़्तियार में है
तुम्हारी 'सोच'
और मुट्ठी में है
तुम्हारा पूरा का पूरा
'वुजूद'!!!

पति-पत्नी

तब—हम दोनों एक-दूसरे को
सिर्फ़ प्यार की ख़ातिर प्यार करते थे!
अब—आदतन प्यार करते हैं!
तब—प्यार में झगड़ा होता था!
अब—झगड़े के बाद ही प्यार उमड़ता है!

तब—इतनी बातें होती थीं कि
ख़ामोशी के लिए जगह ही नहीं थी!
अब—ख़ामोशी बोलती है और शब्द बेमानी हो गये हैं!

तब—जब छुपाने को बहुत कुछ था,
हमने कुछ भी नहीं छुपाया!
अब—हम वह सब छुपाते हैं
जिसे पहले से ही जानते हैं!

तब—हम दोनों एक-दूसरे को
पूरी तरह से जान लेना चाहते थे!
अब—इतना जान चुके हैं कि
किसी और को तो क्या ख़ुद को भी
पूरी तरह से जान पाना नामुमकिन है!

तब—हमारी नज़रें एक-दूसरे की ख़ूबियों पर होती थीं
और हम ख़ुश रहते थे!
अब—ख़ामियों से नज़र हटती ही नहीं
और हम दुखी रहते हैं!

लेकिन इस सब के बावजूद
एक-दूसरे को ख़ुश रखने की चाहत
अभी बाक़ी है और कोशिश जारी है!

ये रिश्ता सफल है या असफल
यह तो मैं नहीं जानती
लेकिन इतना तो तय है कि
एक-दूसरे के बिना हम अधूरे हैं
चाहे साथ रहें या न रहें!!

विश्राम

मेरी रीढ़ की हड्डी ने
ऐलान कर दिया है—
मैं तुम्हारे पत्थर-दिल का बोझ
अब और नहीं उठा सकती!

दिमाग़ ने थक कर—
काम करने से इन्कार कर दिया है!

इस चलती-फिरती ज़िन्दा मशीन का
एक-एक कलपुर्ज़ा मेरी ज़्यादतियों से
चरमरा कर बग़ावत पर उतर आया है!

स्वार्थ कहता है—
इस जर्जर पिंजर को त्याग दो!

कर्तव्य कहता है—
पहले मुझे पूरा करो!

शायद वक़्त आ गया है
कि मैं अपनी इच्छा-शक्ति को भी
विश्राम दूँ और साक्षी-भाव से देखूँ—

ये 'मैं' कर्तव्यपरायण है
या
स्वार्थी!!

किताब

किताबें पढ़ना मेरी पुरानी आदत है
शायद इसीलिए—
जीवन में आने वाले हर व्यक्ति को
किताब की तरह बाँच डालती हूँ

कोई 'उपन्यास', कोई 'कहानी',
कोई 'कविता' तो कोई 'क्षणिका'
के रूप में होता है!

कोई 'महीनों', कोई 'हफ़्तों',
कोई 'घण्टों' तो कोई 'क्षण' भर को
मेरे मानस को उद्वेलित करता है!

कोई साहित्यिक धरोहर-सा
मेरे मन के किताबघर में
सहेज लिया जाता है
तो कोई अश्लील पुस्तक-सा
फाड़कर हवा में उड़ा दिया जाता है!

लेकिन फिर भी—
कुछ निरर्थक नहीं होता

‘बुरा’, ‘गन्दा’, ‘अश्लील’
सब सार्थक हैं
इन्हीं के परिप्रेक्ष्य में
‘अच्छा’, ‘स्वच्छ’ और ‘शिष्ट’
उजागर होता है
और मेरे व्यक्तित्व में
एक नया निखार आता है!

लेकिन अब मैं–
इन किताबों को पढ़ते-पढ़ते
उकता गयी हूँ!

सभी कहानियाँ
एक ही-सी तो होती हैं!
ख़ूबसूरत जिल्द में मढ़ी हों
या फ़ुटपाथ पर पड़ी हों
क्या फ़र्क़ पड़ता है?
सार तो सबका एक ही है!
कहीं लेखक बड़ा तो शब्द छोटे
कहीं शब्दों में सार
तो व्यक्तित्व तार-तार!!

अजीब घाल-मेल है,
सब कुछ गड्ड-मड्ड हो गया है
किताबें तो पूरी हैं
पर कहानियाँ अधूरी!!

बस इसीलिए–
अब मैं लोगों को

किताबों की तरह नहीं पढ़ती,
उन्हें पूरी तरह समझने की
कोशिश नहीं करती,
जब जो पन्ना खुल जाता है,
पढ़ लेती हूँ, समझ लेती हूँ,
बन्द अध्याय को
बन्द ही रहने देती हूँ
ताकि–
पढ़ने का चाव बना रहे
कुछ नया होने का भ्रम
बचा रहे!!

सलीब

संवेदना की सलीब पर
लटकी हुई 'मैं'
जाने कब से...
अपने घाव धो-पोंछ रही हूँ!
लोग मेरे पास आते हैं,
मुझे अनुभूत करते हैं
और
घोल देते हैं...
अपनी सारी की सारी वेदना
मेरी संवेदना में!
फिर कहते हैं—
'मेरी हो जाओ'
उत्तर में 'नहीं' सुन कर
बौखला जाते हैं
और
शब्दों का हथौड़ा लेकर
'ठक्क' से ठोंक देते हैं
मेरे सीने में
दुःख की एक और कील!
मैं कुछ नहीं कहती

इधर मेरे घावों से
रिसने लगता है...
लहू!
उधर उनकी आँखों से
आँसू!!

अनुभव

आज से दस साल पहले
तुम मुझसे दस साल बड़े थे
लेकिन आज–
दस साल छोटे हो गये हो!
क्योंकि हम-दोनों के प्रेम की परिभाषा
अब परिवर्तित हो गयी है!

दस साल पहले मेरा प्रेम–
निश्छल, सरल, मासूम, खरा
और पारदर्शी था!
तुम मिले तो लगा–
नदी को सागर मिल गया
मैं समर्पित हो गयी!

तुमने मुझे स्वयं से विलग किया
और प्रेम का एक नया पाठ पढ़ाया
तुम बन गये गुरु और मैं शिष्या!

तुमने बताया कि प्रेम–
निश्छल ही नहीं छलिया भी है!
सरल ही नहीं वक्रतापूर्ण भी है!

मासूम ही नहीं चतुर-चालाक भी है!
खरा ही नहीं खोटा और मिश्रित भी है!
मात्र भावों का उद्रेक ही नहीं
मांसल देह की क्षुधा भी है!

मैं समर्पित थी
सो अपनी आस्था लिए
धीरे-धीरे मोम-सी पिघलती गयी
तुम्हारे साँचे में ढलती गयी!

लेकिन आज—
जब मैं तुम्हारे सामने
तुम्हारा प्रतिरूप बन कर खड़ी हूँ
तो बहुत भयभीत और व्याकुल
हो गये हो तुम!
समझ ही नहीं पा रहे
कि आख़िर क्यों
मेरा ये परिवर्तित रूप
तुम्हें तनिक भी नहीं भा रहा??

मैं बताऊँ ये क्या है?
ये वो दर्पण है—
जिसे तुम देखना नहीं चाहते!!
अपने विलास के लिए तुमने
मुझे जो प्रेम का पाठ पढ़ाया था
उसे स्वयं नकारना चाहते हो तुम!!

दरअसल हुआ ये कि—
परिवर्तन की इस पूरी प्रक्रिया में

अनायास ही मेरी आस्था ने
तुम्हें प्रेम की विशुद्धता का
अर्थ समझा दिया!!!

आज मुझे तुम पर–
बहुत तरस आ रहा है
तुम मुझे–
उस नटखट बच्चे के सामान
लग रहे हो जिसने
अपना सबसे प्यारा खिलौना
सिर्फ़ इसलिए तोड़ दिया
ताकि उससे कोई और न खेल सके!!

रोते क्यों हो?
मैं हूँ न!!
आओ तुम्हारे आँसू पोंछ दूँ!!

फिर से

जुड़ना और टूटना मेरी आदत है
मत जुड़ो मुझसे, बिखर जाओगे
मुझे मालूम है तुम नहीं मानोगे
एक बार फिर टूटना होगा मुझे
तुम्हें टूटने से बचाने के लिए!!

सूर्यास्त

समझदार लोग अक्सर मुझे टोकते हैं,
कहते हैं—
सूर्यास्त मत देखा करो अपशकुन होता है!
सब—
चढ़ते सूरज को प्रणाम करते हैं

लेकिन मुझे—
तुम्हारा 'डूबना' अच्छा लगता है!
क्योंकि मैं तुम्हारे प्रकाश को नहीं,
'तुम्हें' देखना चाहती हूँ!
तुम्हें अनुभूत करना चाहती हूँ!

वैसे तो तुम—
उगते हुए भी बहुत प्यारे लगते हो!
नवजात शिशु-सी तुम्हारी 'रक्तिम आभा'
नेत्रों में ज्योति भर देती है!

लेकिन यह स्थिति
अधिक देर तक नहीं रहती
धीरे-धीरे तुम्हारे प्रकाश से
सारा संसार जगमगा उठता है!

तब तुम–
ऐसे तेजस्वी राजा के समान होते हो
जो अपने ही ताप से तमतमा उठा हो!

तुम्हारे जगर-मगर प्रकाश में
सृष्टि की एक-एक संरचना
स्पष्ट रूप से दिखाई देती है
किन्तु मैं 'तुम्हें' नहीं देख पाती
मेरी आँखें चौंधिया जाती हैं!!

दिन भर अपने ही ताप से
तपते हुए तुम–
जब सन्ध्य-काल में विश्राम करते हो
तब तुम्हारा सुनहरा वेश जोगिया हो जाता है!
ऐसा प्रतीत होता है जैसे
कहीं एकान्त में कोई साधू
समाधिस्थ हो डूबता जा रहा हो
ध्यान की गहराइयों में!!

ऐसे में–
सागर किनारे बैठ कर
जी भर कर देख़ती हूँ मैं
तुम्हें दूर क्षितिज में
और
धीरे-धीरे डूबती जाती हूँ तुम्हारे साथ
तुम्हारे ध्यान की गहराइयों में!!

जीत

दिल चाहता है कि मैं तुम्हें शाप दे दूँ
हमेशा दिल की सुनती हूँ मैं
लेकिन इस बार...
दिमाग़ ने बाजी मार ली है
मैंने तुम्हें माफ़ कर दिया है
दिल की सुनूँ या दिमाग़ की
हर सूरत में 'जीत' तुम्हारी क़िस्मत है
और हार...!!

अहल्या

वो किसी और की पत्नी थी!
उस पर मोहित हो गया कोई और!
इस दूसरे ने—
उसे पाने के लिए 'छल' किया
और पहले ने—
क्रोधित हो 'शाप' दिया!!

सदमा इतना गहरा था कि—
सन्न! अवाक्! स्पन्दनहीन!
नारी-देह 'पत्थर' हो गयी!!
मौसम बीते फिर सहसा—
एक तीसरे के स्पर्श ने
पत्थर में 'प्राण' फूँक दिये!

वो पत्थर जो अब स्त्री है
बैठे-बैठे सोच रही है...
एक ने 'छला'!
एक ने 'शाप' दिया!
और एक ने 'जीवनदान'!!

इन तीन चरित्रों को
एक सूत्र में बाँधने वाली
अपनी इस कहानी में
'मैं' कहाँ हूँ??

ये तो...
तीन पुरुषों की इच्छा-पूर्ति
के 'माध्यम' की कहानी है!!
इसमें 'मैं' कहाँ हूँ??
क्या पुरुष की 'इच्छा' ही
स्त्री की 'नियति' है??

नहीं!!
ये मेरी कहानी नहीं हो सकती!
वो उठी...
उसने 'अहल्या' नाम का चोला उतारा
और चल पड़ी...
अपने 'अस्तित्व'
की तलाश में...!

ख़ास बात

एक मौत!
एक ख़बर!
एक प्रेजेंटेशन
एक प्रमोशन!
एक कलाकार!
एक पत्रकार!
एक सुबह!
एक रात!
है न 'ख़ास बात'!

(मशहूर फ़िल्म तारिका नादिरा जी की मृत्यु पर)

धर्म

दाढ़ी और टोपी, टीका और चोटी
देख कर—
मुझमें छुपी नन्ही-सी बच्ची
डर जाती है!
और मेरा वयस्क मन
कसैला हो जाता है!

'अज़ान' और 'आरती' की आवाज़ें
बम-विस्फोटों और गोलियों की धाँय-धाँय से
लिपट कर कुछ ऐसे गरजती हैं
जैसे चन्दन से लिपटा विषैला नाग
फन उठाए फुफकार रहा हो!!

बचपन में माँ अक्सर कहती थीं—
"बिटिया! सदा धर्म का पालन करना,
अपना धर्म कभी मत छोड़ना"
तब समझ नहीं पाती थी
कि वास्तव में ये 'धर्म' है क्या?

आज भी नहीं समझ पायी हूँ!
हाँ इतना ज़रूर जान गयी हूँ

कि ‘अधर्म’ के जन्म का आधार है
‘धर्म’!!!
तुम्हारा-मेरा, इसका-उसका
हम सबका ‘धर्म’!!!

‘धर्म’ से ‘अधर्म’ तक की यात्रा तो हो चुकी
आओ! अब एक नयी शुरुआत करें
‘अधर्म’ के माध्यम से–
‘धर्म’ के सही अर्थ को ग्रहण करें
और ज़ख़्मी इंसानियत के
रिसते हुए घावों पर
स्नेह का फाहा धरें!!

पगलिया

उसे अपनी माँ से प्यारा कोई न था!
इसे अपनी पत्नी सबसे प्यारी थी!
उसकी पत्नी और इसकी माँ
जिसे पति और पुत्र से प्यारा कोई न था...
अपना प्यार दोस्तों में बाँटती फिरती है...
उन दोस्तों में...जो भरे-पूरे हैं!!!!!

डस्टबिन

मैं एक—
सोफेस्टिकेटेड डस्टबिन हूँ!
मेरी सोसाइटी के लोग
जब भी जी चाहे
मुझमें अपना कचरा डाल जाते हैं
और साफ़ हो जाता है
उनका सो-कॉल्ड घर!

लेकिन मुझे साफ़ करने के लिए
म्युनिसिपेल्टी की गाड़ी नहीं आती!

मैं इस कचरे को खँगालती हूँ, छानती हूँ
कुछ अच्छा मिल जाता है
तो सहेज लेती हूँ!
जो अच्छा नहीं होता
उसे रिसाइकिल कर
स्वच्छ बना लेती हूँ!
स्वच्छ हो जाती हूँ!

लेकिन कब तक?
कब तक मैं

दूसरों के विकार दूर करती रहूँगी?
क्या ऐसा कोई पात्र नहीं
जिसकी पात्रता में मैं समा सकूँ?

पागल हूँ मैं
एक डस्टबिन के लिए
खोजती हूँ दूसरा
डस्टबिन!!!

खोज

जी चाहता है—
मैं तुम पर विश्वास कर लूँ
बन जाऊँ—
एक नन्ही-सी निश्छल बच्ची!
थाम लूँ तुम्हारी उँगली,
चल पड़ूँ तुम्हारे साथ
अनन्त की ओर...!
भुला दूँ—
सारा ज्ञान, सारा अनुभव
और सारा विवेक!
बन जाऊँ—
अविकसित, अबोध, अज्ञानी!
डाल दूँ तुम्हारे कन्धों पर
अपने अस्तित्व का सारा बोझ!
हो जाऊँ—
निश्चिन्त, निर्विचार, निर्विकार!
किन्तु
विडम्बना ये है
कि हम दोनों ही
सिर्फ़ अस्तित्व ही नहीं,
व्यक्तित्व भी हैं!

और
खोजता है हर व्यक्तित्व
एक और व्यक्तित्व
अपने जैसा!
चलो हम मित्र बन कर देखें
क्या पता—
हमारी खोज एक ही हो!!

ठहराव

लोग कहते हैं–
आपने वक़्त को रोक लिया है!
मुझे लगता है–
वक़्त ने मुझे रोक लिया है!
बहुत पहले ही रवाना हो गयी थी मैं!
मगर न जाने क्यों
रवानगी का वो 'लम्हा'
मुझ तक आते-आते
ठहर गया!!
बस तभी से–
वक़्त की रफ़्तार के साथ
क़दम से क़दम मिलाती हुई मैं
ठहर गयी हूँ
अपनी रवानगी के
ठहरे हुए
लम्हे के साथ!

प्यार का गणित

आज वो आया था
पता नहीं प्यार 'लेने' या 'देने'...
मैं भी कैसी पागल हूँ...
प्यार 'लिया-दिया' कहाँ जाता है
सिर्फ़ 'किया' जाता है!
'किया' जाता है या 'हो' जाता है?
हो जाता है!
यानी कि प्यार 'होता' है
इसका मतलब ये हुआ
कि या तो प्यार होता है
या फिर नहीं होता
लेकिन इस होने-न होने के बीच में
जो होता है वो क्या है?
शायद एक ऐसा 'सच'
जो प्यार पर भारी है

कमी

उसके दिल में मेरे लिए बहुत प्यार था
मगर इज़्ज़त नहीं!
इसके दिल में मेरे लिए बहुत इज़्ज़त थी
मगर प्यार नहीं!

वो बहुत अच्छा इन्सान था
मगर ज्ञानी नहीं!
ये बहुत बड़ा ज्ञानी था
मगर अच्छा इन्सान नहीं!

वो बहुत समझदार था
मगर ईमानदार नहीं!
ये बहुत ईमानदार था
मगर समझदार नहीं!

वो आकर्षक पुरुष था
मगर संवेदनशील नहीं!
ये बहुत संवेदनशील था
मगर आकर्षक नहीं!

सब के सब मुझे पाना चाहते थे
मगर कोई भी मेरे योग्य नहीं था

मैंने—
उसका प्यार—इसकी इज़्ज़त
उसकी इन्सानियत—इसका ज्ञान
उसकी समझदारी—इसकी ईमानदारी
उसका पुरुषत्व—इसकी संवेदनशीलता
लेकर बनाया—
एक परिपूर्ण पुरुष!!

मैं अपने साकार हुए स्वप्न को
लालसा भरी नज़रों से निहार रही थी
कि वो उठा और चल दिया...
मैंने पूछा—कहाँ चले?
उसने कहा—अपने साथी की तलाश में
मैंने पूछा—और मैं?
उसने हिकारत भरी नज़रों से मुझे देखा
फिर कहा—तुम? तुम मेरे योग्य नहीं!

वो जा रहा था और मुझे
ख़ूबियों के साथ ख़ामियों का मतलब
समझ में आ रहा था!!

चरित्र

मैं 'चरित्रवान' थी
और दुनिया मुझे
'चरित्रहीन' बनाने पर तुली थी!
लड़ते-लड़ते हुआ ये कि मैं...
'चरित्र-विहीन' हो गयी!
अब न चरित्र है,
न लड़ाई,
न भय!
कुछ है तो बस–
'व्यक्तित्व का दर्पण'
चाहे जिस दृष्टि से देखो मुझे
प्रतिबिम्ब तुम्हारा होगा!!!

स्वयंसिद्धा

बहुत अल्हड़, बहुत चंचल
बहुत खिलन्दड़ थी
वो नन्ही-सी लहर!
लहराती-बलखाती
छलकती-थिरकती हुई
वो आती और...
सागर-तट की सारी सीमाएँ तोड़
दूर तक फैल कर बिखर जाती!

रेत पर बने–
छोटे-बड़े पाँवों के निशान,
हरे-भरे पेड़-पौधे,
खिले-अधखिले
फूल-पत्ते
शंख-सीपियाँ,
खुला-गगन,
झूमता-पवन
बहुत भाते थे उसे!

इन सबके साथ
खेलना चाहती थी वो!

कुछ पल मुक्त हो
जीना चाहती थी वो!

इधर...
बड़े ही जतन से
दौड़ती-भागती
हाँफती-काँपती
वो किनारे तक आती
उधर...
सौम्य-शान्त सागर की
विशाल भुजाएँ ...
समेट लेतीं उसे
अपनी गहराइयों में!

दोनों ही हठी थे
सो न इसका आना रुकता
न ही उसका ले जाना!

सागर की अथाह–अँधेरी
ठिठुरन भरी गहराइयों में
जब वो थक कर निढाल पड़ी होती
और स्वर्णिम प्रभात की गुनगुनी किरणें
उसे हौले से छूतीं...
तो क्षण भर में
सारा-का-सारा आलस्य
उड़नछू हो जाता–
ये–जा–वो–जा–
और आ जाती सागर की सतह पर!

सिन्दूरी सूरज का
नर्म-गर्म स्पर्श पाते ही
खिल उठती वो!
जगमगा उठता उसका पोर-पोर!

नन्ही-सी लहर का ये
चमचमाता-लजाता रूप
सूरज का मन मोह लेता!!
ख़ूब ठिठोली करता सूरज भी
उसके साथ!
कभी बादलों में छुप जाता
तो लहर उदास हो सहम जाती
कभी प्रचंड अग्नि बरसाता
तो तिलमिला कर तमतमा उठती!

एक दिन यूँ ही हँसी-हँसी में
सूरज पूछ बैठा—
मेरा इस तरह से सताना
तुम्हें बुरा नहीं लगता?
लहर...नहीं
सूरज...क्यों?
लहर...क्योंकि तुम मुझे अच्छे लगते हो!
सूरज...अच्छा! क्यों?
लहर...तुम्हारे सान्निध्य से मैं निखर जाती हूँ!
सूरज...क्यों?
लहर...तुमसे मुझे उत्साह और उमंग मिलती है!
सूरज...क्यों?
लहर...तुम्हारा स्पर्श मेरे अन्तस को स्पन्दित करता है!
सूरज...क्यों?

लहर...मुझे तुमसे प्रेम हो गया है!
सूरज...पागल हो गयी हो क्या?
लहर...यही समझ लो!!
सूरज...प्रेम का अर्थ समझती हो?
लहर...समझती हूँ!
सूरज...बताओ तो सही—
लहर...नहीं! पहले तुम बताओ
तुमने तो दुनिया देखी है,
बहुतों ने प्रेम किया होगा तुमसे
सुनूँ तो सही क्या है तुम्हारे प्रेम की परिभाषा!
सूरज...समझ पाओगी?
लहर...कोशिश करूँगी!
सूरज...प्रेम का अर्थ है—
'स्व' का विसर्जन!!
लहर...इसमें नया क्या है?
ये तो मुझे पहले से ही पता है
सूरज...अ...चू...छा!! कब से?
लहर...जब से 'स्व' को जाना
सूरज...कब से जाना?
लहर...जब पहली बार प्रेम हुआ!
सूरज...पहली बार...? अभी तो तुमने कहा
तुम मुझसे प्यार करती हो!
लहर...हाँ तो?
सूरज...तो क्या प्रेम अनेक से होता है?
लहर...जब 'एक' से 'अनेक' प्रेम कर सकते हैं
तो 'एक' 'अनेक' से क्यों नहीं??
सूरज...तर्क तो ठीक है लेकिन...
लहर...लेकिन क्या?
प्रेम में किन्तु-परन्तु, उचित-अनुचित

कुछ नहीं होता!!
सूरज...फिर क्या होता है?
लहर...प्रेम सिर्फ़ प्रेम होता है
और कुछ नहीं!!
सूरज...अच्छा आगे कहो
फिर क्या हुआ?
लहर...फिर...
जब-जब प्रेम पराकाष्ठा पर पहुँचा
मैं 'समर्पित' हुई, 'विसर्जित' हुई
और 'परिवर्तित' हो गयी!!
सूरज...मैं समझा नहीं!
ज़रा ठीक से समझाओ
लहर...समझ पाओगे?
सूरज...कोशिश करूँगा
लहर...तो सुनो–
मैं 'जल' हूँ
'शीत' से प्रेम हुआ 'हिम' बन गयी
'गति' से प्रेम हुआ 'नदी' बन गयी
सागर से प्रेम हुआ....
सूरज...तो सागर में विलीन हो गयी
यही ना?
लहर...हाँ!!
सूरज...फिर...?
लहर...फिर एक नशा! एक ख़ुमार!
एक जादू! एक जुनून!
और एक लम्बी नींद!!
सूरज...फिर क्या हुआ?
लहर...फिर हुआ ये कि मेरी नींद टूट गयी!
सूरज...क्या मतलब?

लहर...मतलब ये कि मेरी आँखें खुल गयीं!
सूरज...यानी?
लहर...यानी मुझे महसूस हुआ कि मुझमें
'अपने होने का एहसास' अभी बाक़ी है!!
सूरज...तो क्या तुम्हारा 'समर्पण' अधूरा था?
लहर...ये भी तो हो सकता है
कि सागर का 'स्वीकार' अधूरा हो!
सूरज...ऐसा भी कहीं होता है?
लहर...ऐसा ही तो होता है!
सूरज...तो क्या 'महामिलन', 'उत्सर्ग'
'विसर्जन', 'समागम' सब अपूर्ण हैं?
लहर...नहीं सब पूर्ण हैं!
लेकिन 'पूर्णता' के बाद
'अपूर्णता' का आरम्भ होता है!!
सूरज...वो कैसे?

लहर...वो ऐसे—
कि 'जाग्रत अस्तित्व' का
सिर्फ़ 'रूप' बदलता है
'सत्ता' समाप्त नहीं होती!
और जब तक 'अस्तित्व' है
'अतृप्ति' है!!!

सूरज...अजीब बात है!
सागर में रह कर भी तुम अतृप्त हो?
लहर...'मैं' सागर में हूँ
इसीलिए तो अतृप्त हूँ

वरना 'सागर' न हो जाती!!
क्या करूँ...
मेरा 'मैं' मुझसे विलग ही नहीं होता!!!

स्तब्ध सूरज ठगा-सा
जहाँ-का-तहाँ खड़ा रह गया
कुछ पल को सब कुछ रुक गया!!
सूरज...अद्‌भुत हो तुम!
लहर...चुप!
सूरज...अभिभूत हो रहा हूँ मैं!
लहर...चुप!
सूरज...आसक्त हो रहा हूँ मैं!
लहर...चुप!
सूरज...ये-ये क्या हो रहा है मुझे??
लहर...प्रेम!!
सूरज...प्रेम?
लहर...हाँ प्रेम!!
आओ स्वीकारो मुझे!!
सूरज...मेरे स्वीकारने का परिणाम जानती हो?
लहर...हाँ जानती हूँ!
सूरज...क्या?
लहर...यही कि हम
एक-दूसरे का वरण करेंगे!
सूरज...मृत्यु को वरोगी तुम?
लहर...नहीं, एक बार फिर जी जाऊँगी!!
सूरज...सोच लो
लहर...सोच लिया!

फिर क्या था—
प्रेमी ने प्रेयसी को
आलिंगन में भर लिया
एकाकार हो गये दोनों
नन्ही-सी लहर का पोर-पोर
प्रेम में पगने लगा
क़तरा-क़तरा वाष्प बन
आकाश में उड़ने लगा!!

अद्भुत, अनिर्वचनीय महामिलन
ऐसा था कि
सूरज तो सूरज ही रहा
पर नन्ही-सी लहर ऐसी बदली
कि 'बदली' हो गयी!!!

नया जन्म!, नया रूप!
नयी आशा!, नयी दिशा!!
भीतर से भरी-भरी
प्रेम में रची-बसी
मुक्ताकाश में विचरती
सोचती थी...
कि किधर जाऊँ?

तभी किसी ने पूछा—
अब-तक कहाँ थीं तुम?
देखा तो—
बंजर धरती का छोटा-सा टुकड़ा
टकटकी बाँधे
उसकी बाट जोह रहा था!

अनायास ही वो कह उठी—
राह में थी!
धरती...आने में इतनी देर क्यों की?
बदली...यात्रा बहुत लम्बी थी!
धरती...बस अब आन मिलो!!
इतना सुनना था कि
झर-झरा कर झर गयी
नन्ही-सी बदली!!
पता नहीं ये जल था या आँसू
धीरे-धीरे—
तृप्त होने और करने का भेद मिट गया!!
बंजर धरती स्निग्ध हुई!
बीज प्रस्फुटित हुए!
कोंपलें फूटीं!
सबका सब हरिया गया
एक 'मैं' अपनी परिधि तोड़
'असंख्य' में समा गया!!!

सन्तुलन

मुझमें मुझसे बड़ा कोई है
और छोटा भी...!!
छोटे-बड़े की इस तना-तनी के मध्य–
मैं सन्तुलन का काम करती हूँ और...
सीमाएँ...जो शायद टूट जानी चाहिए
नहीं टूटतीं!!!!!!!

चाहत

तुम चाहते हो कि 'मैं'
तुम्हें तुम्हारे लिए चाहूँ
क्यों भला?
क्या कभी 'तुमने' मुझे
मेरे लिए चाहा?
नहीं ना!
दरअसल ये चाहने और न चाहने
की ख़्वाहिश ही बेमानी है!
बा-मानी है तो बस 'चाहत'
मेरी चाहत
तुम्हारी चाहत
या फिर–
किसी और की चाहत...!!

छलिया

प्रेम में छली जाने वाली हर स्त्री का
एक नाम होता है जैसे—
रुक्मणी, सुभद्रा, अनुराधा, मीरा
या फिर राधा!
लेकिन छलने वाले पुरुष का
पुरुष होना भर यथेष्ट होता है
वो तो अवतरित होता है
सिर्फ़ ज्ञान देने के लिए
वो बाँसुरी बजाता है...
रास रचाता है...
और फिर...
समा जाता है...
अपनी गीता में!!
है न छलिया!!!!

अक्स

बहुत देर से कह रहे थे तुम
तुम्हारा आईना हूँ मैं
देखो मुझे!
मैंने तुम्हारे भीतर झाँक के देखा
और चटाक से चटक कर
बिखर गये तुम
मेरे चारों ओर...!
एक अकेली मैं
और इतने सारे अक्स!!
तुम्हीं बताओ...
कैसे समेटूँ तुम्हें!!!

अजनबी

जब तुम अजनबी थे
तब–
तुम्हारी एक-एक बात में
कितना अपनापन था!
सहमे-सहमे संवाद...
टूटे-टूटे वाक्य...
अटके-अटके शब्द...
असहज हो कर भी
कितने सहज थे!
वो बिन्दु-बिन्दु से बनी रेख...
वो शब्दों के मध्य का
रिक्त स्थान!
वो अल्प और पूर्ण विराम!
कितने सरल, कितने निर्मल
और कितने मुखर थे!!
और अब–
जब तुम अजनबी नहीं हो
तब–
तुम्हारे मोतियों जैसे शब्द,
तुम्हारी गठी हुई भाषा,
तुम्हारा सधा हुआ लहजा

अच्छा है, बहुत अच्छा!
लेकिन–
मेरा वो 'अपनापन' कहाँ है?
कहाँ है–
वो सहजता?
वो सरलता?
वो निर्मलता?
सुनो!
तुम तब अजनबी थे
या अब?
छोड़ो जाने दो...
क्या फ़र्क़ पड़ता है
अजनबी तो अजनबी ठहरा
फिर क्या 'तब'
और
क्या 'अब'!!

कबाड़

सुनो!
वो घर के पीछे वाले अँधेरे बन्द कमरे में,
जो कबाड़ पड़ा था न!
जिसमें थोड़ी-थोड़ी दीमक भी लग गयी थी
जो तुम्हारे किसी काम का नहीं था
जिससे तुम्हें न जुड़ाव था न लगाव
बेकार ही पड़ा-पड़ा धूल खा रहा था
आज उठा कर
बिना किसी मोल-भाव के
उसे दे दिया जिसके लिए वो कबाड़
स्वर्ण के समान था!
ठीक किया न मैंने?
बोलो, सही किया न?
अब इतना अधिकार बनता है
तुम्हारी पत्नी जो हूँ!!

कम्युनिकेशन गैप

बहुत बातूनी थे दोनों,
बड़ी लम्बी-लम्बी बातें...
घण्टों बतियाते थे—
न दिन देखते न रात!
हज़ारों सवाल—हज़ारों जवाब
सवाल वो—
जिनका जवाब नदारद!
जवाब वो—
जिनका सवाल ही न था!
एक दिन—
एक ने सही सवाल का
सही जवाब दे दिया...
अब दोनों चुप हैं
और सोच रहे हैं...
क्यों आ गया हमारे बीच
कम्युनिकेशन गैप!!

कॉपी-पेस्ट

हम दोनों पीठ से पीठ जोड़े
अपना-अपना टैब लिए बैठे थे
आपस में बातें हो रही थीं
और टैब पर चैट!
अचानक वो उठा—
और हाथ धोने लगा...
मैंने पूछा—क्या हुआ?
उसने मुझे तो जवाब नहीं दिया
मन ही मन बुदबुदाया...
छूटता ही नहीं...!!
मैंने झल्ला कर पूछा—
क्या नहीं छूटता?
हुआ क्या है?
उसने पलट कर कहा—
कॉपी-पेस्ट करती हो?
हाँ करती हूँ क्यों?
मैंने कुछ कॉपी किया था
पेस्ट नहीं कर सका...!!
उसने कहा।
तो? तो क्या हुआ?
मैंने भनभनाते हुए पूछा

उसने कहा–
ऐसा लग रहा है जैसे...
उँगली में ही चिपक के रह गया है
छूटता ही नहीं!!
....
पता नहीं उसने क्या समझा?
क्या जाना?
मुझे एक बात
अच्छी तरह समझ में आ गयी
कि कॉपी से पहले
पेस्ट की जगह निश्चित होनी चाहिए
वर्ना...
कॉपी ज़हन पर पेस्ट हो जाती है!!!

दिल

जितना सीने की कोशिश करती हूँ
उतना ही टूटते जाते हैं टाँके...
अब तो जगह ही नहीं रही...
कहाँ सूई की नोक धरूँ?
कहाँ गाँठ बाँधूँ?
कुछ बचा ही नहीं...
क्या करूँ इस छलनी दिल का???

दृश्य

चलती हुई रेल की खिड़की से
गतिमान दृश्यों को देख कर–
याद आ जाते हैं वो लोग–
जो आपकी ज़िन्दगी में–
अचानक आ जाते हैं...!
जाने के लिए...!
ये आते तो तपाक से हैं
लेकिन जाते-जाते
ऐसी अमिट छाप छोड़ जाते हैं
जिसे लाख चाहने पर भी
नहीं मिटा पाते आप...
बस देखते रह जाते हैं
उन्हें आँखों से ओझल होते हुए
बेबस!! चुपचाप!!!

फ़ेसबुक

सुनो!
ये मेरा दिल है
तुम्हारा फ़ेसबुक अकाउंट नहीं,
कि जब चाहा लॉगइन किया
और जब चाहा लॉगआउट हो गये
पहले तो—
फ्रेंड रिक्वेस्ट भेज-भेज कर
नाक में दम कर दिया।
अब-जब 'रिक्वेस्ट' एक्सेप्ट कर ली
तो कहते हो—
अन्फ्रेंड कर दो...
सिर्फ़ इसलिए
कि मैं तुम्हारे स्टेटस अपडेट्स को
लाइक नहीं करती।
तुम्हारी पोस्ट को
शेयर नहीं करती।
अपनी वॉल पर लिखने की परमिशन नहीं देती।
क्या होगा अन्फ्रेंड करने से?
दिल से तो जाओगे नहीं तुम...!
फिर क्या करूँ...?
एक आइडिया है—

क्यों न मैं तुम्हें
सीधे ब्लॉक ही कर दूँ
हर दिशा, हर जगह से
ठीक है न?
बोलो
है न ठीक??

बदलाव

नहीं!!
बिल्कुल भी नहीं बदले हो तुम!
बदला है मेरा नज़रिया!!
देखा था मैंने तुम्हें,
ठीक वैसा—
जैसा देखना चाहा था।
देख रही हूँ अब तुम्हें,
ठीक वैसा—
जैसे तुम हो।
कोई शिकायत नहीं,
कोई गिला नहीं ।
चलो आगे बढ़ते हैं
अपने-अपने रास्ते!!

ब्लैक-बोर्ड

कभी कोरा काग़ज़ हुआ करते थे तुम
संगमरमर की तरह सफ़ेद, साफ़!
स्याही से तुमने ख़ुद पर
इतने लेख लिखे
कि स्याह ही हो गये तुम
और...
बन गये एक ब्लैक-बोर्ड!
इस ब्लैक-बोर्ड पर—
सफ़ेद चॉक से लिखी थीं
मैंने कुछ ग़ज़लें...
कुछ नज़्में...
लिखे थे कुछ नाम!
कुछ सम्बोधन!
जिन्हें तुमने
इश्तेहार की तरह
हर गली, हर नुक्कड़
हर चौराहे पर लगाया
और...
ख़ूब नाम कमाया?
फिर...
कमाई का हिसाब लगाया

कुछ जोड़ा
कुछ घटाया
डस्टर उठाया
और...
पोंछ दिया वो सब कुछ
जो स्याह नहीं सफ़ेद था!!
डस्टर से झड़ती हुई डस्ट ने
मुझसे कहा—
मूर्ख! ये ब्लैक-बोर्ड है
इस पर कोई रंग नहीं टिकेगा
इसे ब्लैक ही रहने दो!
मैंने डस्ट समेटी,
अंजुरी में भरी
और...
उँगली के पोर से
ब्लैक-बोर्ड पर लिख दिया
ब्लैक!!!

मौत

सपना जब पूरा हो जाता है
...मर जाता है!
उसका सपना पूरा हो गया
...मैं मर गयी!!

सज़ा

तुमने अपना गुनाह
क़ुबूल ही नहीं किया
तो माफ़ी कैसे माँगते?
समझती हूँ तुम्हारी मजबूरी
जाओ मैंने तुम्हें माफ़ किया!!

सब-कुछ

पुरुष—मैं तुमसे प्रेम करता हूँ!
स्त्री—??
पुरुष—मैं तुमसे बेइंतिहा प्रेम करता हूँ!
स्त्री—........!
पुरुष—मैं तुमसे सदियों से प्रेम करता हूँ!
स्त्री—म...म...मैं प्रभावित हूँ!
पुरुष—शायद जन्मों से...!
स्त्री—सम्मान करती हूँ तुम्हारी भावनाओं का!
पुरुष—स्वीकार लो!
स्त्री—स्वीकार लिया!
प्रेम में प्रेम का विलय...
प्रेम ही हो गया दोनों के लिए
'सब-कुछ'
फिर—
दोनों ने प्रेम को आधा-आधा बाँट लिया
स्त्री के लिए पुरुष—'सब'!!
पुरुष के लिए स्त्री—'कुछ'!!!

साथ

वो मेरे साथ है
क्योंकि–
वो मुझे खोना नहीं चाहता।
मैं उसके साथ हूँ
क्योंकि–
वो मुझे खोना नहीं चाहता।
मैं क्या चाहती हूँ?
.....
उसने कभी पूछा ही नहीं।
अगर पूछता...
तो बता देती–
मैं भी यही चाहती हूँ
कि तुम–
मुझे खोना न चाहो...!!

सीधी बात

लिख चुके हो तुम
वो सब–जो तुम्हें लिखना था
मेरे भाग्य में!
लिख रही हूँ मैं
वो सब–जो मुझे लिखना है
अपने कर्म से!
मिटा दिया है मैंने वो सब–
जो लिखा था तुमने!
लिख रही हूँ मैं वो सब–
जो लिखना है मुझे!
कैसे मिटाओगे तुम वो सब–
जो अभी लिखा ही नहीं?
कैसे मिटाओगे तुम वो सब–
जो अभी हुआ ही नहीं?
सुनो! ऐसा करना...
मैं लिखती रहूँगी तब तक–
जब तक मैं हूँ!
तुम मिटाते रहना तब तक–
जब तक मैं हूँ!!!!

सपने

मेरे सपने बहुत टूटते थे...
भर-भर के देखती जो थी!!
अब नहीं टूटते...
सोना जो छोड़ दिया!!
अरे नहीं,
सपनों से पीछा नहीं छूटा,
अब भी देखती हूँ...
भर-भर के देखती हूँ...
खुली आँखों से...!!
अब
आनन्द ही आनन्द है
न नींद टूटती
न सपने!!

ढाई आखर

सिर्फ़ ढाई आखर सुने
और...
तड़तड़ा कर टूट गये सभी टाँके!
घाव जो भरा भी नहीं था
फिर से हरा हो गया!
सुना था ज़हर, ज़हर को काटता है
आज पता चला...
प्रेम, प्रेम को मारता है!!

थोड़ी देर

बात जाने किस मोड़ पर पहुँच गयी थी
कि बात करते-करते...
अचानक वो चुप हो गया!
फिर कहा—
थोड़ी देर में कॉल करता हूँ।
मैं फ़ोन का रिसीवर हाथ में लिए
देखती रही झिलमिलाते हुए तारों को
और...
उलझाए रही अपने आप को
इधर-उधर की बातों में...
धीरे-धीरे...
'थोड़ी देर' सरकते-सरकते
'बहुत देर' में बदल गयी!
झपकी आयी ही थी
कि फ़ोन घनघना उठा...
मैंने सकपका कर कहा
ह...हलो!
उसने कहा—
सॉरी...आँख लग गयी थी...ऑफ़िस में हूँ

थोड़ी देर में कॉल करता हूँ।
सोच रही हूँ...
आँख खोल दूँ!
या...
बन्द ही रहने दूँ!!

विचारधारा

मेरी विचारधारा उसकी विचारधारा से
मेल नहीं खाती...
इसलिए—
उसने मुझे स्वयं से काट कर अलग कर दिया,
क्योंकि—
उसके साथ उसकी दुनिया है!
जिसके प्रति—
वो जवाबदेह है!
उसकी विचारधारा मेरी विचारधारा से
मेल नहीं खाती...
किन्तु मैं उसे स्वयं से काट कर अलग नहीं कर सकी
क्योंकि
मेरी दुनिया 'वो' है
मैं किसी के प्रति जवाबदेह नहीं!!

क्यूपिड

सुनो! ये जो तुम प्रेम का देवता बन कर
सबको प्यार बाँटते फिरते हो,
सबका ख़ालीपन भरते हो,
क्या मिलता है तुम्हें??
सन्तुष्टि!!
फिर क्यूँ इतने बेचैन हो तुम?
सच-सच बताना
भीतर से कितने रीते हो तुम?
तुम सबके हो...
कोई तुम्हारा है क्या?
प्रेम की धुन में...
तुमने सोचा ही नहीं...
कि प्रेम बाँटते-बाँटते
ख़ुद ही बँट जाओगे तुम!
और तुम्हारे पास
ऐसा कुछ भी नहीं बचेगा
जिसे तुम अपना कह सको!!
लोग तुम्हारे पास आते हैं
संवेदना के पुष्प चढ़ाते हैं
तुमसे प्रेम का अनुदान लेते हैं
और हृदय में नयी स्फूर्ति भर–

चल देते हैं अपने साथी के पास!
तुम फिर जहाँ के तहाँ...
अकेले, निपट अकेले रह जाते हो!
क्यूँ बनना चाहा तुमने देवता?
अगर इन्सान ही वने रहते
तो क्या पता...
किसी एक के हो जाते
किसी एक को पा जाते
एक हो जाते!!

अच्छा-बुरा

तुम बहुत अच्छी हो
मैं तुम्हारे योग्य नहीं
उसने कहा, पलटा
और चला गया...!
तुम बुरे नहीं हो
मैं कहना चाहती थी
उसने सुना ही नहीं...!!

इतिहास

कल तक मैं वर्तमान थी...
आज इतिहास हो गयी...
वो इतिहास, जो खो गया
अनेक इतिहासों के बीच!
काश! कोई ढूँढ़ ले मुझे भविष्य में
और बन जाऊँ मैं वर्तमान!!

एक और

जो सही नहीं है, वो ग़लत भी नहीं है
जो अच्छा नहीं है, वो बुरा भी नहीं है
जो सच नहीं है, वो झूठ भी नहीं है
ये बात अगर तुम्हारी समझ में आ जाये
तो किसी को समझाने की कोशिश न करना
वरना लोग तुम्हें पागल समझेंगे और...
तुम्हारी हर निर्मल-निश्छल भावना को
कस कर जकड़ दिया जायेगा...
सही-ग़लत, अच्छे-बुरे और सच-झूठ की बेड़ियों में।
बना दिया जायगा तुम्हें...
एक और सुकरात!
एक और मीरा!

अनछुआ स्पर्श

एक औरत
जो बरसों से दफ़्न थी
मेरे भीतर!

आज...
तुम्हारे अनछुए स्पर्श के एहसास से
जी उठी है!!

जी लूँ कुछ देर मैं भी उसके संग!
भर लूँ आँचल में तुम्हारे सारे रंग!

देह की देहरी को लाँघ—
बह जाऊँ पागल पवन-सी...
तुम्हारी सुगन्ध में!

डूबूँ-उतराऊँ...
तुम्हारी श्वासों के आरोह-अवरोह में!

सपने चुनूँ...
सपने बुनूँ...

जब आँख खुल जायेगी
जाग जाऊँगी, जान जाऊँगी

सपनों की अवधि पूरी हो गयी है!
मेरे भीतर की औरत फिर सो गयी है!!

अभिव्यक्ति

उसने पुर्ज़े पर कुछ लिखा
बहुत देर तक सोचता रहा...
फिर गुड़ी-मुड़ी कर मेरी ओर उछाल दिया
मैंने पुर्ज़े की तहें खोलीं...
एक-एक शब्द पढ़ा...
सोचा...
समझा...
फिर सहसा जो लिखा था उसे चूम लिया
मेरे पास लिखने को कुछ नहीं था...!

कैसे बताऊँ

कैसे बताऊँ
कि जानती हूँ मैं–
अश्लील गालियों के पीछे दुबके
उस डरे-सहमे बच्चे को
जिससे लाजवंती महिलाओं ने
भरपूर चाकरी करवाई और–
अशिष्टता की घुट्टी पिलाई!

कैसे बताऊँ
कि जानती हूँ मैं–
क्यूँ तमाम प्रेमिकाओं और
दैहिक सुख के बावजूद
अतृप्त है वो बाल मन
जो वयस्क देह में कसमसाता है!

कैसे बताऊँ
कि जानती हूँ मैं–
क्यूँ हर शाम नशे में डूब कर
ख़ुद को भुल जाना चाहता है वो शख़्स
दुनिया जिसे राजा कहती है!

कैसे बताऊँ
कि जानती हूँ मैं–
क्यूँ अपनी ही परछाईं के पीछे
छुप जाना चाहता है वो इन्सान
जो छोटा नहीं, बड़ा है
जिसने ख़ुद अपने को गाढ़ा है!

कैसे बताऊँ
कि जानती हूँ मैं–
क्यूँ वो उम्र भर ख़ुद से लड़ता रहा
क्यूँ दूसरों की सज़ा, ख़ुद को देता रहा!

कैसे बताऊँ
कि जानती हूँ मैं–
वो सब, जो वो नहीं मानता!

कैसे बताऊँ
कि जानती हूँ मैं–
वो सब, जो वो नहीं जानता!

कैसे बताऊँ
कि जानती हूँ मैं–
'उसे' जिसे वो नहीं जानता!!

त्रिया चरित्रम्-पुरुषस्य भाग्यम्

पहला पुरुष—एक महिला हैं...
हर पुरुष उनका नाम सम्मान के साथ लेता है।
दूसरा पुरुष—अच्छा! कैसी लगती हैं?
पहला—प्रभावशाली व्यक्तित्व है। बहुत अच्छा लिखती हैं!
दूसरा—बहुत सुन्दर हैं क्या?
पहला—हाँ, पढ़ती भी अलग ही अन्दाज़ से हैं!
दूसरा—मैरेड हैं या अनमैरेड?
पहला—अरे घर-परिवार वाली हैं, उनकी कई पुस्तकें प्रकाशित हो चुकी हैं।
दूसरा—क्या उम्र होगी? यंग लगती हैं क्या?
पहला—हाँ, साहित्यकार होने के साथ-साथ एक्ट्रेस भी अच्छी हैं!
दूसरा—भाई कुछ पता-ठिकाना है इनका?
पहला—बड़ी जीवट वाली महिला हैं, मुम्बई में अकेली रहती हैं!
दूसरा—क्या बात करते हो? पोएट्स, एक्ट्रेस मुम्बई में अकेली, सारी दुनिया घूमे बैठी है कौन साला उसका नाम सम्मान से लेता है?
पहला—सही कह रहे हो...
सब पुरुष सम्मान से नहीं ले सकते उनका नाम!
दूसरा—हाँई क्यों?
पहला—मजबूरी है उनकी।
दूसरा—कैसी मजबूरी?
पहला—तुम्हारी तरह मूढ़ जो हैं

दूसरा—क्या मतलब?
पहला—मतलब बाद में समझाऊँगा
पहले नारी की देह से बाहर निकलो, उसके अस्तित्व और व्यक्तित्व की सत्ता को स्वीकारना सीखो।
दूसरा—अच्छा ठीक है, इनसे कब मिलवाओगे?
पहला—कभी नहीं!!

दस प्रतिशत

मैंने तुम्हें
सिर्फ़ दस प्रतिशत जाना और—
बन्द कर दिया दिमाग़ के कम्प्यूटर का हर एक कलपुर्जा!
मैंने तुम्हें सिर्फ़ दस प्रतिशत पाया और—
बन्द कर दिया बेक़ाबू दिल का हर एक दरवाज़ा!

नहीं पाना मुझे
बाक़ी का नब्बे प्रतिशत
नहीं जानना मुझे—
कि कब तुमने किसकी झप्पी ली?
किसको पप्पी दी?
किसको गरियाया?
किसको चमाट लगाई?
और किससे डाँट खाई?

मुझे मतलब है
सिर्फ़ उस दस प्रतिशत से
जो—
मेरी तरह पागल है
नासमझ है
मनमौजी है

खिलन्दड़ है
बवण्डर है
बहे–
तो बहा ले जाये
पूरी की पूरी क़ायनात!
रुके–
तो जैसे वक़्त थम जाये!

जो बिल्कुल मेरी तरह है
लेकिन मुझसे एकदम अलग है!
मैं आज़ाद...
फिर भी बन्धनों में बँधी हुई!
वो बन्धनों में बाँध कर भी...
हर बन्धन से आज़ाद!

हम सुनते हैं–
एक-दूसरे का मौन!
हम पढ़ते हैं–
एक-दूसरे की मन की भाषा!
हम कहते कुछ भी नहीं
और–
समझ लेते हैं सब कुछ!

जिस्म नहीं मिलते...
मिल जाती है...
रूह से रूह
सौ प्रतिशत!!

मुझे बहुत प्यारा है
ये दस प्रतिशत!!

दूसरी औरत

वो शायद दुनिया की पहली औरत है
जो हमेशा 'दूसरी औरत' रही।
कैसे हो सकती है 'पहली औरत'?

पहली औरत होने के लिए ज़रूरी होता है
कमज़ोर होना!

पहली औरत होने के लिए ज़रूरी होता है
पराश्रित होना!

पहली औरत होने के लिए ज़रूरी होता है
मजबूर होना!

पहली औरत होने के लिए ज़रूरी होता है
आत्म-सम्मान को त्याग देना!

पहली औरत होने के लिए ज़रूरी होता है
आधा-अधूरा होना!

पहली औरत होने के लिए ज़रूरी होता है
टूटना-बिखरना और गिड़गिड़ाना!

और—

पहली औरत होने के लिए सबसे ज़रूरी होता है
त्रिया-चरित्रम्!

इनमें से एक भी तो गुण नहीं उसके पास!
फिर क्यों मिले 'पहली औरत' का दर्जा?

सन्तुष्ट होना चाहिए हर मर्द को—
अपने साँचे में ढली 'पहली औरत' से।

फिर इस 'दूसरी औरत' को पाने के लिए
इतनी छटपटाहट क्यों??

दोस्त

मैं तुम्हारी पत्नी नहीं हूँ
कि तुम्हारी हर अच्छी-बुरी
आदत की आदत डाल लूँ

मैं तुम्हारी प्रेमिका भी नहीं
कि हर छोटी-बड़ी बात पर
मान-मनुहार करूँ।

दोस्त!
दोस्ती के अपने आदाब होते हैं
मैं सीख रही हूँ...
तुम भी सीख लो!

परिवार

कुछ रिश्ते—
पारे के समान होते हैं
बिखरें तो ऐसे छिटकते हैं—
कि एक-एक दाना छितरा जाता है
हर दाना एक-दूसरे से अलग
अपने आप में मुकम्मल
और—
फिर मिल जायें तो यूँ
कि माइक्रोस्कोप से भी
दरार ढूँढ़े न मिले।
इसे कहते हैं—
परिवार!
कभी पारा-पारा
और कभी
सिर्फ़ 'पारा'!!

हम-तुम

तुम मेरे नहीं, मैं तुम्हारी नहीं
फिर भी कुछ है—
जो हम दोनों का है।
तुम कहते हो—
जब प्यार आता है तो बेइन्तिहा, बेशुमार!
मैं कहती हूँ—
क्या मुसीबत है, ये कम्बख़्त जाता क्यों नहीं?
हम तुम 36 का आँकड़ा बने
पीठ से पीठ सटाए
एक-दूसरे से विमुख
अपनी-अपनी दुनिया में गुम...
दो विपरीत दिशाओं के पन्थी...
फिर भी—
हमारी रीढ़ की हड्डियाँ
आपस में कुछ यूँ गुँथी हुई हैं
कि हम एक-दूसरे को—
झुकने ही नहीं देते...
हमारी ये तना-तनी
कितना बड़ा सम्बल है
है ना?
बोलो
है ना!!

सच्चा झूठ

सच है—
झूठ बोल रही हूँ मैं!
सफ़ेद झूठ!!
क्यूँ बोलूँ मैं सच,
जब किसी को सुनना ही नहीं?

किसने सुनी थी मेरी आवाज़
जब चीख़-चीख़ कर
सच की गुहार लगाई थी मैंने?

मेरे सच को सबने अपनी सुविधानुसार
तोड़ा-मरोड़ा, जाँचा-परखा
और झूठ का नाम दे दिया
क्योंकि—
पूरा सच किसी को स्वीकार नहीं!
न हौसला, न हिम्मत, न ताब
फिर क्यूँ सुनना चाहते हैं सब
मेरा सच?

नहीं बोलूँगी सच
बिल्कुल नहीं

कभी नहीं।
नहीं चाहिए मुझे
कोई प्रमाण पत्र!

मेरा सफ़ेद झूठ
तुम्हारे आधे-अधूरे सच से
बेहतर है बहुत बेहतर!
और
मैं सच्ची हूँ पूरी सच्ची
अपने झूठ के साथ!!

मक़बरा

एक औरत थी अनारकली!
उसने इश्क़ किया...
और—
जीते जी चिनवा दी गयी
ईंट-पत्थर, मिट्टी-गारे की दीवार में!

एक औरत थी मुमताज!
उसने इश्क़ किया...
और—
मौत के साथ मिला उसे
संगमरमर का ताजमहल!

कुछ औरतें इश्क़ करती हैं...
और—
ज़िन्दगी भर अपना मक़बरा बनाती हैं
जिसे वो 'घर' समझती हैं!!

ब्लॉक

तुम्हारे लिए—
मेरे घर के द्वार, सदा खुले ही रहे...
तुम कभी भी—
बेखटके आ-जा सकते थे।

जाने किस असुरक्षा के भाव ने
तुम्हें घेर लिया...
कि तुमने बाहर से द्वार बन्द किया
ताला डाला और चाभी के छल्ले को
सुदर्शन-चक्र सा उँगली में घुमाते हुए
निश्चिन्त हो चल दिये...

अब भीतर बैठी मैं
द्वार पर तुम्हारी दस्तक सुन रही हूँ
बहुत विवश हूँ मैं...
और तुम्हारे हाथ ख़ाली हैं

कैसे खुलेगा ये द्वार?
प्रेम और विश्वास की कुंजी
तो खो गयी!!

सितारा

तुम्हारे लिए मैं–
आकाश में चमकता एक सितारा।
मेरे लिए तुम–
रोमांचक उपन्यास की पहली क़िस्त।

बड़ी शिद्दत और लगन से
तुम कोशिश करते रहे...
कि ये सितारा तुम्हारे नगीनों के
कलैक्शन में शामिल हो जाये!

मैं रोमांचित हो तुम्हें पढ़ती रही...
पढ़ते-पढ़ते इतनी तल्लीन हुई
कि पता ही नहीं चला
कब मैं टूट कर...
तुम्हारी झोली में जा गिरी।

मैंने तुम्हें–
बड़े क़रीने से किताबों की शेल्फ में
सजा लिया है,
अगली क़िस्त के इन्तज़ार में...

अब
बैठे-बैठे सोच रही हूँ—
क्या करोगे तुम उस पत्थर का
जो तुम्हारी अक़्ल पर पड़ गया है!!

वो एक लम्हा

वो एक लम्हा–
जो मुद्दतों बाद आता है
वो एक लम्हा–
जिसमें कोई कोशिश शामिल नहीं होती
वो एक लम्हा–
जो बरजस्ता बस आ ही जाता है
वो एक लम्हा–
जिसमें पूरी क़ायनात समा जाती है
वो एक लम्हा–
जिसमें मेरा 'मैं' नहीं रहता
वो एक लम्हा–
जिसमें खोकर, खोई रह जाना चाहती हूँ मैं।

हर बार फिसल जाता है
मेरी भिंची हुई मुट्ठी से...
कभी रेत,
कभी पानी,
कभी साबुन की बट्टी,
कभी बर्फ़ के टुकड़े
तो कभी
'जेली फिश' की तरह!

मैं धीरे-धीरे हाथ खोलती हूँ
पसीजी हुई हथेलियों में देखती हूँ
तमाम आड़ी-तिरछी लकीरें...

फिर सोचती हूँ...
कैसी होती होगी वो लकीर?
जिसके होने से—
वो एक लम्हा—
हाथ आ जाता है!!

बाज़ी

तुमने प्रेम किया।
मुझे प्रेम हुआ।
तुम निश्चिन्त,
मैं बेचैन!
बाज़ी तुम्हारे हाथ में।

तुम्हें भी प्रेम हो गया...
बाज़ी तुम्हारे हाथ से निकल गयी
मैं निश्चिन्त!
तुम बेचैन!!

जीवन

सोफ़े पे सर टिकाए
जाने किस सोच में डूबी
छत को एकटक निहार रही थी...
सहसा एक आँसू आँख से रिसा...
सरकते हुए होंठों तक पहुँचा...
फिर ये नमकीन एहसास...
ठुड्डी पर आकर...
कुछ पल ठहरा...
फिर...
ठीक वहीं पर जा गिरा
जहाँ से निकला था!!
अनायास याद आ गये कबीर...

"जल में कुम्भ कुम्भ में जल है, बाहर भीतर पानी
फूटा कुम्भ जल जलहि समाना, ये तथ कथयो ज्ञानी।"

आखेट

एक थी चिड़िया
बहुत ऊँची उड़ान थी उसकी
सो फुर्र से उड़ कर
कहीं भी पहुँच जाती थी।

आ गयी एक दिन बाज़ के पंजों में
जुझारू थी–
सो लड़-भिड़ कर बच तो गयी
मगर तार-तार हो गयी!

कहीं किसी कोने में
हाँफती-काँपती, डरी-सहमी
दुबकी-सी बैठी थी
कि एक नर्म-स्नेहिल हाथ ने
उसे हौले से उठा लिया।

ये हाथ एक बहेलिए का था
उसने चिड़िया के एक-एक घाव को
धोया-पोंछा, प्रेम का फाहा धरा
दुलारा-पुचकारा और बन्दी बना लिया!

धीरे-धीरे घाव भरते गये
चिड़िया ठीक होती गयी
और उड़ना भूलती गयी
ज़रा-सा उड़ती...
फिर फट से लौट आती
कभी बहेलिए के कन्धों पर
इधर-उधर फुदकती फिरती
तो कभी हथेली पर बैठ कर
कुटुर-कुटुर दाना चुगती।

बहुत से पंछी थे
बहेलिए के पिंजरे में...
एक को बेचता तो दूसरे को ले आता
पिंजरा कभी ख़ाली नहीं रहता।

बहेलिए ने चिड़िया को
न तो पिंजरे में क़ैद किया
और न ही बेचा।
चिड़िया इठलाती-इतराती
बहेलिए के चारों ओर मँडराती
उड़ने और लड़ने की शक्ति खोती जाती!

वो बहेलिए से पूछती—
क्यों करते हो पंछियों को क़ैद?
पालते हो, पोसते हो फिर निर्मोही बन
बेच क्यों देते हो उन्हें?
दर्द नहीं होता?
बहेलिया कहता—
नहीं पगली!

ये तो मेरा कर्म है
ईश्वर ने मुझे ऐसा ही बनाया है
अच्छा लगता है मुझे ऐसा होना।
तो फिर मुझे क़ैद क्यों नहीं करते?
मुझे क्यों नहीं बेचते?
चिड़िया लड़िया कर पूछती
बहेलिया कुछ नहीं कहता
बस मुस्कुरा देता।

एक दिन बहेलिए ने कहा
चलो आज तुम्हारी बारी है
चिड़िया ने कुछ नहीं सोचा
झट से उसके कन्धे पर बैठ गयी
चिड़िया—क्या तुम क़ैद करोगे?
बहेलिया—नहीं।
चिड़िया—बेच दोगे?
बहेलिया—नहीं।
चिड़िया—फिर क्या करोगे?
बहेलिया—सिर्फ़ देखूँगा ।

चिड़िया ने देखा—
बहेलिए के दूसरे कन्धे पर
वही बाज़ बैठा था
जिससे उसने खुद को बचाया था!

चिड़िया स्तब्ध है
सोच रही है
बाज़ से लड़ूँ
या
बहेलिए से????

बन्धन

वो अपनी देह से बाहर...
ये अपनी देह के भीतर...
वो थी, वो है!
ये था, ये है!

बेइन्तिहा-बेशुमार
प्यार और सिर्फ़ प्यार!!

न मिलन...
न जुदाई...
न चाहत रुकी...
न प्यास बुझी...
न शिकवा...
न शिकायत...
बन्धन इधर भी।
बन्धन उधर भी।
बन्धन...
दोनों के बीच भी!!

नो मैन्स लैण्ड

राम हो या रावण
अग्नि-परीक्षा तो सीता ने ही दी!

पाण्डव हों या कौरव
दाँव पर तो द्रौपदी ही लगी!

गौतम हो या इन्द्र
शापित तो अहल्या हुई!

क्यों?

रे मूर्खो! क्यों लड़े आपस में?
जब कि तुम सब एक थे...

जिसे 'पब्लिक प्रोपर्टी' समझकर
तुम झगड़ लिए...
उसे तुम्हारे पुरुषत्व के अहंकार ने–

'नो मैन्स लैण्ड' बना दिया!

'औरत'
न तब इन्सान थी
न अब!!

फिर ये–
विलाप किसके लिए?

अनपढ़

जब बहुत कुछ कहने को होता है
तो शब्द पकड़ में ही नहीं आते
अनुभूति में तिरोहित हो...
एक-एक कर उभरने लगते हैं
मेरे चेहरे पर!

आईना देखती हूँ
एकटक निहारती हूँ
फिर...
अनायास ही मुस्कुरा देती हूँ
भीतर से कोई कहता है
चलो हटो...
तुम भी नाकाम रहे!!

मक़सद

मैंने उसे नहीं बुलाया,
भेजा भी नहीं।
वो सेंध लगा कर आया था
और दरवाज़ा तोड़ कर चला गया।
उसका मक़सद पूरा हुआ या नहीं
ये तो मुझे नहीं पता...
हाँ, मुझे वो एक मक़सद ज़रूर दे गया
ये जो टूट-फूट हुई है...
उसकी मरम्मत तो–
मुझे ही करनी है ना!!

गुनाह

मुझे उस गुनाह की सज़ा मिली
जो मैंने किया ही नहीं
ये सज़ा नहीं, साज़िश थी
मुझे तोड़ने की।
मैं नहीं टूटी!
फिर...
मुझे उससे भी बड़ी सज़ा मिली
उस गुनाह के लिए,
जो मैंने किया ही नहीं
मैं टूटी क्यों नहीं!!

करवाचौथ

रुक्मणी ने मीरा को ताना दिया—
आज मेरी जगह तुम ही रख लो
करवाचौथ का व्रत।
बरसों की साध पूरी हो जायेगी।
मीरा ने कहा—
ना जी ना...
ये व्रत तो राणा के लिए ही है
ईश्वर करे वो शतायु हों!

कान्हा की अर्धांगिनी तो तुम हो
इस देहधारी की चिन्ता—
तुम्हें ही शोभा देती है।

मेरे गिरधर गोपाल तो...
अनादि हैं!
अनन्त हैं!
मुझे क्या भय?

एक बार फिर...
'प्रीत' हर सीमा के पार गयी
इक रानी, जोगन से हार गयी!!

खेल

तुम एक माहिर खिलाड़ी
मैं निपट अनाड़ी

क्या सोच कर खेला था ये खेल?
यही न, कि तुम्हारी जीत निश्चित है।

तुम्हारी हर शातिराना चाल के बदले
मैंने अटपटी और बचकानी चालें चलीं

मन ही मन मुस्कुराते हुए तुम चाल पे चाल चलते गये
मैं लड़खड़ाती-डगमगाती, आएँ-बाएँ मोहरे धरती गयी

मगर ये क्या हो गया?
कहाँ अटक गये तुम?
बिसात बिछाए किस उधेड़-बुन में हो?
कोई चाल क्यों नहीं चलते?

हार गये? नहीं!
जीत गये? नहीं!

कमाल है!
इतने बड़े खिलाड़ी हो और ये भी नहीं पता?
शायद इसे 'ज़िच' कहते हैं!

ज़िच!!

(ज़िच—शतरंज के खेल में वह स्थिति जिसमें बादशाह की शह तो न लगे पर उसके चलने के लिए कोई घर न रह जाय।
उक्त के आधार पर प्रतियोगिता, विवाद में उत्पन्न होने वाली ऐसी स्थिति जिसमें दोनों पक्ष अपनी-अपनी बात पर अड़े हैं और समझौते आदि के लिए कोई रास्ता न दिखाई दे। (डेड लॉक))

प्रेम

मेरा—गूँगे का गुड़
तुम्हारा—लाउडस्पीकर

मेरा—किसी किशोरी की डायरी
तुम्हारा—चौराहे पर लगा इश्तिहार

मेरा—अनन्त
तुम्हारा—सिर्फ़ एक नम्बर

मेरा—आत्मिक सुख
तुम्हारा—प्रेस्टिज़ ईशू

मेरा—बेवजह
तुम्हारा—एक्सपेरीमेंट

दो विपरीत ध्रुव
फिर भी युक्त

तुम—बन्दी
मैं—मुक्त!!

हुनर

मैं खिड़की के जंगले में
रखती हूँ, दो कटोरे।
एक में पानी होता है
एक में बाजरे के दाने।
गौरय्या, कबूतर और कौए
यूँ दाना चुगते और पानी पीते हैं
जैसे वो मेरे पालतू हों।
नियमित समय पर
चिहुँ-चिहुँ शुरू हो जाती है
दाना दो-पानी दो...
इधर फुदक-उधर फुदक
इधर फड़फड़ाहट-उधर चहचहाहट
सारा जंगला ज़िन्दा ख़ुशियों से
खनखना उठता है।
अक्सर शहर से बाहर चली जाती हूँ
और टूट जाता है ये क्रम।

अर्से बाद जब लौटती हूँ
जंगले को झाड़ती-बुहारती हूँ
कटोरे साफ़ करती हूँ
दाना-पानी रखती हूँ

फिर इन्तज़ार करती हूँ
अपने पंछियों का।
वो आते तो हैं
पर दाना नहीं खाते
इधर-उधर मँडराते हैं
टुकुर-टुकुर गर्दन मटका कर
देखते हैं, तहक़ीक़ात करते हैं
कहीं कोई गड़बड़ तो नहीं?
कोई जाल, कोई पिंजरा तो नहीं?
सुबह...दोपहर...शाम...
अगली सुबह निश्चिन्त हो
फिर वही चिहुँ-चिहुँ!

स्त्रियाँ भी ऐसी ही होती हैं
एक बार प्रेम का चुग्गा चुगा दो
बस!
बिना बेड़ी, बिना बन्धन
उम्र भर के लिए
पालतू हो जाती हैं...
हर अन्तराल के बाद
ठिठकती हैं, हिचकती हैं
तहक़ीक़ात भी करती हैं
फिर स्वयं ही समर्पण कर
ज़िन्दा ख़ुशियों से
खानखाना देती हैं आपका
सम्पूर्ण अस्तित्व।
बस आपको
चुग्गा चुगाने का हुनर आना चाहिए!!

मैं हूँ, ना

कुछ लोग
'मैं हूँ ना' की तर्ज़ पर
आपकी ज़िन्दगी में–
ज़बरदस्ती प्रवेश कर जाते हैं
सिर्फ़ ये देखने और दिखाने के लिए
कि वो 'कितने हैं'!!

मज़े की बात ये
कि वो हो भी जाते हैं
तब तक–
जब तक–
उन्हें इस एक्सपेरिमेंट के लिए
दूसरा ऑब्जेक्ट नहीं मिलता!!

संस्मरण

वो मुझे लेकर जिज्ञासु था
और लोगों को बताना
व जताना भी था
कि वो मुझे जानता है।
बहुत जतन किये उसने
मुझे जानने और समझने के
सफल भी हो गया।
उसने किताब की तरह मुझे पढ़ा
सोचा सब जान लिया
और किताब बन्द कर दी।
अभागा जान ही नहीं पाया
कि मैं किताब नहीं डायरी हूँ
वो सिर्फ़ पढ़ ही नहीं रहा था
दर्ज भी हो रहा था मुझमें
हो रहा है...
होता रहेगा...
जब तक मैं हूँ ।
जब समाप्त हो जाऊँगी
तब दुनिया उसे पढ़ेगी
मेरे एक संस्मरण के रूप में!

प्रतिक्रिया

आप—तबियत ख़राब है...
सर्दी...ज़ुकाम...बुख़ार...खाँसी...

आपका अपना—हम्म...
अक्सर हो जाती है ये प्रॉब्लम आपको
ख़याल रखिये अपना...
डॉक्टर को ज़रूर दिखा लीजिएगा।

आप—हम्म! ठीक है।

जो अपना होना चाहता है—ओहो! ये तो बहुत बुरा हुआ...
आजकल वायरल चल रहा है
बड़ी कमज़ोरी आ जाती है इसमें...
आप तो वैसे ही नाज़ुक सी हैं...
डॉक्टर को तुरन्त दिखाना होगा...
लेकिन आप अकेले कैसे जायेंगी...मैं आ जाऊँ?

आप—जी शुक्रिया, मैं दिखा लूँगी।

बहुत अपना—दिनभर बरसात में भीगोगी तो यही होगा न!
सुनती तो हो नहीं किसी की! अपनी डॉक्टर भी ख़ुद ही हो...
दवाई तो मँगा ही ली होगी...ठीक से दवाई लो और रेस्ट करो।

आप—भाड़ में जाओ!

सहूलियत

नहीं भूली नहीं हूँ तुम्हें
भूलना भी नहीं चाहती
बस थोड़ा-सा बेईमान हो गयी हूँ
तुम्हारी यादों के साथ!

दिल की तिजोरी में कस कर
क़ैद कर दिये हैं तुम्हारी याद के वो लम्हे
जो ख़ूबसूरत थे, बहुत ख़ूबसूरत!
इन लम्हों को क़ैद से रिहाई नहीं देती
और...
घिरी रहती हूँ हर वक़्त
तुम्हारी याद के उन लम्हों के बीच
जो तुमसे प्यार न करने की वजह देने के लिए काफ़ी है

बड़ी सहूलियत है दोस्त
दिल धड़कता तो है
पर शिकायत नहीं करता!

–

पीर

ओ रे पीर!
मानो न मानो
तुम्हारी पीर से परिचित हूँ मैं!
शनैः-शनैः तुम्हारे अनुयायी
बनते जा रहे हैं भक्त...
और
बना रहे हैं तुम्हें भगवान!
बिकने लगे हैं तुम्हारे चित्र, चादर और सन्देश...
ज्यूँ-ज्यूँ बढ़ रही है तुम्हारी प्रतिष्ठा
घटती जा रही है निजत्व की स्वतन्त्रता!

'स्व' से 'स्व' तक की तुम्हारी इस यात्रा में
सम्मिलित होती जा रही हैं सैकड़ों यात्राएँ
तुम्हारे अनुयायियों की...
आकर्षण से प्रशंसा,
प्रशंसा से आसक्ति,
आसक्ति से प्रेम,
प्रेम से श्रद्धा,
श्रद्धा से समर्पण
और समर्पण से भक्ति की इस यात्रा ने
लगभग तुम्हें भगवान बना ही दिया है!

बस एक ही कमी है
अपनी ही प्रतिमा में बन्दी यायावर!
तुम्हारा दिल अब तक धड़कता है!!
जिस दिन ये धड़कन रुक जायेगी
समाप्त हो जायेगी यात्रा!
बन जाओगे तुम पूरे भगवान!!
मढ़ दिया जायेगा तुम्हें
सोने-चाँदी की उन्हीं प्रतिमाओं में
जिनसे विरक्त हो
तुमने यात्रा आरम्भ की थी!
सच है न पीर!!

वसीयत

काँच के ताबूत में—
सफ़ेद चादर में लिपटी हुई
वो चैन से सो रही थी!
चारों ओर अजीब-सा सन्नाटा था।

अचानक एक स्वर फूटा—
मिल गयी...
वसीयत मिल गयी!
देखो तो क्या लिखा है?
किसी ने कहा।

पढ़ने वाला सन्न था
जैसे उसे काठ मार गया हो
वसीयत उसके हाथ से छूट गयी...

काग़ज़ हवा में लहराया
और ताबूत पर जा गिरा
अब सब उसे पढ़ सकते थे

लिखा था—

इस देह को जलाना मत
न ही दफ़्न करना
इसे—
मेरे उन सब प्रेमियों को दे देना
जिन्हें मैंने आत्मा से प्रेम किया
मगर—
उन्हें इस देह की चाह थी!!

ग़ज़लें

जो शोहरत के लिए गिरना पड़े ख़ुद अपनी नज़रों से
तो फिर मेरे ख़ुदा हरगिज़ मुझे मशहूर मत करना

○

शब्द नहीं एहसास लिखा है
जो था मेरे पास लिखा है

भला-बुरा अब दुनिया जाने
मैंने तो बिन्दास लिखा है

उनकी पाती पतझर लाई
मैं समझी मधुमास लिखा है

अश्कों की स्याही से मैंने
जीवन को परिहास लिखा है

क्या करने हैं महल-दुमहले
क़िस्मत में संन्यास लिखा है

कहाँ दर्द है कुछ ख़बर ही नहीं है
कि अब दर्द का कुछ असर ही नहीं है

मेरे घर में मेरी बसर ही नहीं है
जिसे घर कहूँ ये वो घर ही नहीं है

मैं किस आस्तां पर करूँ जा के सज्दा
झुके जिसपे सर ऐसा दर ही नहीं है

भरोसा है उसके ही वादे पे मुझको
मुकरने में जिसके कसर ही नहीं है

ये किस मोड़ पर आ गयी ज़िन्दगानी
कहानी में ज़ेरो-ज़बर ही नहीं है

○

सोचती हूँ कि मैं सोचना छोड़ दूँ
या तो फिर सोच की सब हदें तोड़ दूँ

जिस तरफ़ एक तूफ़ान उठने को है
उस तरफ़ अपनी कश्ती का रुख़ मोड़ दूँ

गर मुहब्बत न रिश्तों की मोहताज हो
सारे रिश्ते यहीं-के-यहीं तोड़ दूँ

टूट कर चाहने का मैं क्या दूँ सिला
तुम मुझे तोड़ दो, मैं तुम्हें जोड़ दूँ

मुझ से आजिज़ हैं सब, ख़ुद से आजिज़ हूँ मैं
क्या करूँ ख़ुद को मैं अब कहाँ छोड़ दूँ

○

जब रूह में कोई आन बसे, तो प्यार नहीं कुछ और भी है
जब मीरा से घनश्याम मिले, तो प्यार नहीं कुछ और भी है

हर प्रेम कहानी का अपना आग़ाज़ भी है अंजाम भी है
जब सागर में नदिया डूबे, तो प्यार नहीं कुछ और भी है

यूँ ध्यान में उसके खो जाना, फिर लौट के ख़ुद को ना पाना
जब जोत से कोई जोत मिले, तो प्यार नहीं कुछ और भी है

सुर-ताल मिलें संगीत बने, संगीत से बिरहा-गीत बने
और अन्तर से चीत्कार उठे, तो प्यार नहीं कुछ और भी है

जब अनगिन चोटें सह-सह कर, इक पत्थर मूरत हो जाये
फिर मूरत में भगवान दिखे, तो प्यार नहीं कुछ और भी है

○

दिल से अपनाया न उसने, ग़ैर भी समझा नहीं
ये भी इक रिश्ता है जिसमें कोई भी रिश्ता नहीं

ये बला के पैंतरे, ये साज़िशें मेरे ख़िलाफ़
राएगाँ हैं, मैं तुम्हारे खेल का हिस्सा नहीं

ऐ मेरी ख़ानाबदोशी! ये कहाँ ले आयी तू
घर में हूँ मैं और मेरा घर मुझे मिलता नहीं

सब यही समझे, नदी सागर से मिल कर थम गयी
पर नदी तो वो सफ़र है जो कभी थमता नहीं

वक़्त बदला, लोग बदले, मैं भी बदली हूँ मगर
एक मौसम मुझमें है जो आज तक बदला नहीं

O

मैं दिल से मजबूर हूँ अपने और वो दुनियादारी से
दिल-दुनिया से जूझ रहे हैं दोनों बारी-बारी से

रिश्तों के इस खेल में इक दिन दोनों की ही हार हुई
वो अपनी चालों से हारा, मैं अपनी दिलदारी से

दिल से बाहर कर के मुझको अच्छा-सा घर सौंप दिया
उसने अपना फ़र्ज़ निभाया कितनी ज़िम्मेदारी से

मेरा उसका रिश्ता जैसे ताला किसी ख़ज़ाने का
जिसको देखो काट रहा है अपनी-अपनी आरी से

चुपके-चुपके उसने मेरे सारे रिश्ते बेच दिये
जैसे उसका रिश्ता हो कुछ रिश्तों के व्यापारी से

चोरी-चोरी औने-पौने सारे रिश्ते बेच दिये
ख़ूब कमाई की है उसने ख़ालिस चोरबज़ारी से

○

दुखती रग पर उँगली रख कर पूछ रहे हो कैसी हो
तुमसे ये उम्मीद नहीं थी, दुनिया चाहे जैसी हो

एक तरफ़ मैं बिल्कुल तनहा एक तरफ़ दुनिया सारी
अब तो जंग छिड़ेगी खुलकर, ऐसी हो या वैसी हो

मुझको पार लगाने वाले जाओ तुम तो पार लगो
मैं तुमको भी ले डूबूँगी कश्ती चाहे जैसी हो

जलते रहना, चलते रहना तो उसकी मजबूरी है
सूरज ने ये कब चाहा था उसकी क़िस्मत ऐसी हो

ऊपरवाले! अपनी जन्नत और किसी को दे देना
मैं अपनी दोज़ख़ में ख़ुश हूँ जन्नत चाहे जैसी हो

○

बेहद बेचैनी है लेकिन मक़सद ज़ाहिर कुछ भी नहीं
पाना-खोना, हँसना-रोना क्या है आख़िर कुछ भी नहीं

अपनी-अपनी क़िस्मत सबकी, अपना-अपना हिस्सा है
जिस्म की ख़ातिर लाखों सामां, रूह की ख़ातिर कुछ भी नहीं

उसकी बाजी, उसके मोहरे, उसकी चालें, उसकी जीत
उसके आगे सारे शातिर, माहिर, कादिर कुछ भी नहीं

उसका होना या ना होना, ख़ुद में ज़ाहिर होता है
गर वो है तो भीतर ही है वरना बज़ाहिर कुछ भी नहीं

दुनिया से जो पाया उसने दुनिया ही को सौंप दिया
ग़ज़लें-नज़्में दुनिया की हैं क्या है शाइर कुछ भी नहीं

○

ऐसा नहीं कि उससे मुहब्बत नहीं रही
बस ये हुआ कि साथ की आदत नहीं रही

दुनिया के काम से उसे छुट्टी नहीं मिली
हमको भी उसके वास्ते फ़ुर्सत नहीं रही

कुछ उसको इस जहां का चलन रास आ गया
कुछ अपनी भी वो पहले-सी फ़ितरत नहीं रही

उससे कोई उमीद करें भी तो क्या करें
जिससे किसी तरह की शिकायत नहीं रही

दिल रख दिया है ताक़ पे हमने निकाल कर
लो अब किसी भी क़िस्म की दिक़्क़त नहीं रही

○

मौत के मुँह से जिसे मैंने निकाला
उसने मुझको जीते जी ही मार डाला

आईने ने अक्स जब उसको दिखाया
खीज कर बोला वो तेरा मुँह है काला

घर से बेघर हो गया वो शख़्स ख़ुद ही
जब मुझे उसने मेरे घर से निकाला

झूठ की बुनियाद पर जो बन रहा था
मैंने वो रिश्ता जड़ों से खोद डाला

अब भला इस ख़ाक में क्या खोजते हो
जाने कब का जा चुका है जाने वाला

○

पूछ लिया है मेरे दिल ने, आख़िर मैं किसका दिल हूँ
सोच रही हूँ क्या मैं ख़ुद से इतनी ज़्यादा ग़ाफ़िल हूँ

इक मुट्ठी में चाँद है मेरे इक मुट्ठी में सूरज है
इस पर भी मैं क्या जाने क्या पा लेने पर माइल हूँ

लाख जतन कर गुज़रे कश्ती मुझ तक पहुँच न पायेगी
छोड़ गया है दरिया जिसको मैं इक ऐसा साहिल हूँ

वो मेरा क़ातिल है लेकिन सिर्फ़ उसी का दोष नहीं
मेरे क़त्ल की इस साज़िश में ख़ुद मैं भी तो शामिल हूँ

○

मैंने अपना हक़ माँगा था, वो नाहक ही रूठ गया
बस इतनी-सी बात हुई और साथ हमारा छूट गया

वो मेरा है आख़िर इक दिन मुझको मिल ही जायेगा
मेरे मन का एक भरम था, कब तक रहता टूट गया

दुनिया भर की शान-ओ-शौक़त ज्यूँ की त्यूँ ही धरी रही
मेरे बैरागी मन में जब सच आया तो झूठ गया

क्या जाने ये आँख खुली या फिर से कोई भरम हुआ
अबके ऐसा उचटा ये दिल, कुछ छोड़ा कुछ छूट गया

लड़ते-लड़ते आख़िर इक दिन पंछी की ही जीत हुई
प्राण-पखेरू ने तन छोड़ा, ख़ाली पिंजरा छूट गया

मैं घुटने टेक दूँ इतना कभी मजबूर मत करना
ख़ुदाया थक गयी हूँ पर थकन से चूर मत करना

मुझे मालूम है अब मैं किसी क़ी हो नहीं सकती
तुम्हारा साथ गर माँगूँ तो तुम मंज़ूर मत करना

यहाँ की हूँ वहाँ की हूँ ख़ुदा जाने कहाँ की हूँ
मुझे दूरी से क़ुर्बत है ये दूरी दूर मत करना

न घर अपना, न दर अपना, जो कमियाँ हैं वो कमियाँ हैं
अधूरेपन की आदी हूँ मुझे भरपूर मत करना

जो शोहरत के लिए गिरना पड़े ख़ुद अपनी नज़रों से
तो फिर मेरे ख़ुदा हरगिज़ मुझे मशहूर मत करना

○

पत्थर दिल ने धड़कन की आवाज़ सुनी है सदियों बाद
सदियों पहले होनी थी जो बात हुई है सदियों बाद

चोर-सिपाही, छुपन-छुपाई, गुड्डे-गुड़ियों वाले खेल
भूले-बिसरे बचपन की सौग़ात मिली है सदियों बाद

क्या जाने क्यों उलझ गयी थी तन से बँध कर मन की डोर
सदियों से उलझे रिश्ते की गाँठ खुली है सदियों बाद

मन ही मन दुहराए अक्सर होंठों से थे फिर भी दूर
सहमे-सहमे लफ़्ज़ों को आवाज़ मिली है सदियों बाद

इससे-उससे, जिससे-तिससे जाने कितने मेल-मिलाप
अपने आप से मिलने की दरकार हुई है सदियों बाद

○

वो एक दर्द जो मेरा भी है तुम्हारा भी
वही सज़ा है मगर है वही सहारा भी

तेरे बग़ैर कोई पल गुज़र नहीं पाता
तेरे बग़ैर ही इक उम्र को गुज़ारा भी

तेरे सिवा न कोई मुझसे जीत पाया था
तुझी से मात मिली है मुझे दुबारा भी

तुम्हारे साथ कभी जिसने बेवफ़ाई की
किसी तरह न हुआ फिर वो दिल हमारा भी

अभी-अभी तो जली हूँ अभी न छेड़ मुझे
अभी तो राख में होगा कोई शरारा भी

○

मैं डरती नहीं थी मगर डर रही हूँ
किसी दिल की फ़रियाद पर मर रही हूँ

बचाऊँगी कैसे मैं बर्बादियों से
उसे जिसके दिल में मैं घर कर रही हूँ

बनी हूँ बिसाते-मुहब्बत का मोहरा
जो करना नहीं था वही कर रही हूँ

चलो देखती हूँ, मिलें दाम कितने
मैं नीलाम दिल का नगर कर रही हूँ

हटो मंज़िलो! रास्ता दो कि अब मैं
भटकने की ख़ातिर सफ़र कर रही हूँ

○

तुम्हें किसने कहा था तुम मुझे चाहो बताओ तो
जो दम भरते हो चाहत का, तो फिर उसको निभाओ तो

दिये जाते हो ये धमकी, गया तो फिर ना आऊँगा
कहाँ से आओगे, पहले मेरी दुनिया से जाओ तो

मेरी चाहत भी है तुमको और अपना घर भी प्यारा है
निपट लूँगी मैं हर ग़म से, तुम अपना घर बचाओ तो

तुम्हारे सच की सच्चाई पे मैं क़ुर्बान हो जाऊँ
पर अपना सच बयां करने की तुम हिम्मत जुटाओ तो

फ़क़त इन बद्दुआओं से बुरा मेरा कहाँ होगा
मुझे बर्बाद करने का ज़रा बीड़ा उठाओ तो

○

वो जो मेरे साथ नहीं है, वो जो मेरे पास नहीं है
बस उसका एहसास है मुझको, और कोई एहसास नहीं है

उसके सुख में ख़ुश होती हूँ, उसके दुःख में रो लेती हूँ
जिसको मेरे रंजो-ग़म का रत्ती भर आभास नहीं है

प्रेम दीवानी मीरा हूँ मैं, वो पत्थर का कृष्ण-कन्हैया
उससे क्या फ़रियाद करूँ अब दिल ही जिसके पास नहीं है

बिन पानी के मछली जैसी रह-रह कर क्यों तड़प रही हूँ
एक ज़रा-सा दिल टूटा है, ऐसा तो कुछ ख़ास नहीं है

सागर-दरिया, बादल-नदिया सब के सब नाकाम हुए हैं
ऐसे कैसे बुझ जायेगी, ऐसी-वैसी प्यास नहीं है

○

कब से अपनी खोज में हूँ मुब्तला मैं
कोई बतलाए कहाँ हूँ गुमशुदा मैं

देखती हूँ जब भी आईने में ख़ुद को
सोचती हूँ कौन हूँ नाआशना मैं

ये नहीं, वो भी नहीं, कोई नहीं ना!
ना-नहीं का मुस्तक़िल इक सिलसिला मैं

कितने टुकड़ों में अकेली जी रही हूँ
मैं ही मंज़िल, मैं ही रस्ता, फ़ासला मैं

वक़्त के काग़ज़ पे ख़ुद को लिख रही हूँ
शायराना ज़िन्दगी का फ़लसफ़ा मैं

○

हर एक जीत से पहले जो मात खाते हैं
वो अपनी मात को ही रास्ता बनाते हैं

वो मंज़िलें मैं जिन्हे पीछे छोड़ आयी थी
तमाम रास्ते वापस वहीं पे जाते हैं

मैं टूटने के लिए बार-बार जुड़ती हूँ
वो जोड़-तोड़ से रिश्ता निभाए जाते हैं

यहाँ तो दोस्ती के वास्ते भी वक़्त नहीं
ग़ज़ब वो लोग हैं जो दुश्मनी निभाते हैं

वो लोग जिनसे मेरा कोई वास्ता ही नहीं
न जाने क्यों मेरे होने पे ख़ौफ़ खाते हैं

○

उसका ग़म तो उसका है, हमको उसके ग़म से क्या
फिर ये बेचैनी कैसी, रब्त है उसका हमसे क्या

दिल तो दिल है टूटेगा, आज मिला कल छूटेगा
जीवन भर की आस लगा बैठे हो तुम हमसे क्या

हमको हम ही रहना है, सच को सच ही कहना है
चाहे जितना ढाओ सितम, हम डरते हैं ग़म से क्या

क्या रिश्ता, क्या नाता है, क्यों कर कोई भाता है
पूछो अपने दिल से तुम पूछ रहे हो हमसे क्या

लम्हा-लम्हा सहने को शे'र ग़ज़ल के कहने को
अपना ग़म ही काफ़ी है, दुनिया भर के ग़म से क्या

○

दोनों में कितना फ़र्क़ मगर दोनों का हासिल तन्हाई
अपनों में दूरी लाती है वो शोहरत हो या रुसवाई

जीवन के कोरे काग़ज़ पर जीना होगा तहरीरों में
उजले पन्नों पर स्याही से करनी होगी हर्फ़आराई

हम हैं उसका ही अक्स मगर, है बीच में जीवन का दर्पन
जब टूटेगा जीवन-दर्पन तब ज़ाहिर होगी सच्चाई

पहले तो ख़ुद से दूर किया फिर सज़ा सुनाई जीने की
जी चुके तो ये फ़र्मान मिला अब फिर से होगी सुनवाई

वो ख़ुद में मुकम्मल है तो फिर, क्यों कर वो ख़ुद में रह न सका
क्यों बिखर गया ज़र्रा-ज़र्रा, क्यों सह न सका वो तन्हाई

○

तुम्हारे झूठ को ही सच मैं अक्सर मान लेती हूँ
मगर क्या कुछ तुम्हारे दिल में है ये जान लेती हूँ

मुझे छलने की ख़ातिर बेसबब चोले बदलते हो
किसी भी रूप में हो तुम तुम्हें पहचान लेती हूँ

अगर मालूम हो जाये मुझे क्या चाहिए मुझको
उसे पाकर ही रहती हूँ जो दिल में ठान लेती हूँ

तुम्हें किसने कहा है भीख में मुझको मुहब्बत दो
किसी का भी, कभी भी, मैं कहाँ अहसान लेती हूँ

नहीं मंज़ूर मुझको मैं किसी के सामने बिखरूँ
मैं टूटे दिल पे ख़ुद्दारी की चादर तान लेती हूँ

○

अजब कशमकश है अजब है कशाकश, ये क्या बीच में है हमारे-तुम्हारे
ज़रूरत ज़रूरत ज़रूरत ज़रूरत, ज़रूरत की ख़ातिर मरासिम हैं सारे

हैं चारों तरफ़ ही बहुत लोग लेकिन हक़ीक़त में कोई भी अपना नहीं है
दिखावा, दिखावा सभी कुछ दिखावा, दिखावे में जीते हैं सारे के सारे

बुलन्दी पे जिनको भी देखा ये पाया सभी आसरा ढूँढ़ते फिर रहे हैं
किसे सरपरस्ती के क़ाबिल समझते, जिए जा रहे हैं ख़ुद अपने सहारे

सभी अपनी-अपनी कहे जा रहे हैं, हमें हमसे छीने लिए जा रहे हैं
हमें अपनी ख़ातिर भी रहने दो थोड़ा नहीं कोई अपना सिवा अब हमारे

हमें अपनी जद में ही रहना पड़ेगा, ख़ुदी को ख़ुदी में डुबोना पड़ेगा
न आपे से बाहर तू आना समुन्दर, समुन्दर को समझा रहे हैं किनारे

फ़क़त दूरियों में ही सारी कशिश है कि नज़दीकियों में भरम टूटते हैं
फ़लक पर चमकना है क़िस्मत हमारी ज़मीं से ये कहते हैं टूटे सितारे

ये झूठे से रिश्ते ये फ़र्ज़ी से नाते कहाँ तक निभाएँ कहाँ तक निभाएँ
बहुत हो चुका बस बहुत हो चुका अब कोई तो बढ़े ये मुखौटे उतारे

○

जितना उसको पास बुलाया उतना ही वो दूर गया
मुझको ख़ुशियों के बदले में देकर ग़म भरपूर गया

जाना था उसको जाता वो, लेकिन क्यों जाते-जाते
मेरे मन के शीशमहल को करके चकनाचूर गया

मेरी ख़ैर-ख़बर ली उसने और बना दी एक ख़बर
मेरी रुसवाई से कितना होकर वो मशहूर गया

मेरे दिल की दौलत लेने एक सिकन्दर आया था
टूटे सपने लेकर ख़ाली हाथों वो मग़रूर गया

कितना कुछ कह डाला उसने, फिर भी सच कब कह पाया
दिल की बात छुपाए दिल में वो कितना मजबूर गया

○

क़रार देके मुझे और बेक़रार किया
ये आज तुमने मुझे किस तरह से प्यार किया

वो एक शख़्स जिसे मेरी आरज़ू ही न थी
उसी का ज़िक्र मगर मैंने बार-बार किया

अजब सुकून था उसके फ़रेब में मुझको
न था यक़ीन मगर फिर भी ऐतबार किया

ग़ज़ब तिलिस्म कि ग़म और ख़ुशी का फ़र्क़ गया
रुला-रुला के मुझे उसने ख़ुशगवार किया

वो एक रात, मुझे जिसमें नींद आ जाती
तमाम उम्र उसी शब का इन्तज़ार किया

○

इन्कार करूँ, इक़रार करूँ, ये इश्क़ कहाँ जां छोड़े है
जब जी चाहे ये दिल जोड़े, जब जी चाहे दिल तोड़े है

जो सपना है वो अपना है, जो अपना है वो सपना है
मैं अपना सपना छोड़ भी दूँ पर वो कब मुझको छोड़े है

ये दिल की दुनिया है इसमें नुक़सान-नफ़ा मैं क्या देखूँ
जब इश्क़ किया तो इश्क़ किया कोई सौदेबाज़ी थोड़े है

यूँ दिल के लेने-देने से पहले तुम इतना जान तो लो
इस दिल की अदला-बदली में, कोई टूटे है, कोई तोड़े है

दिल टूट गया तो टूट गया और बिखर गया तो बिखर गया
अब टूटी किरचें चुन-चुन कर, क्या जाने क्या वो जोड़े है

सवाल ये है, सवाल क्या है?
कि उलझनों का ये जाल क्या है?

न उसको खोया, न उसको पाया
तो बेसबब ये मलाल क्या है?

तुम्हारी चाहत की क़ैद से अब
तुम्हीं बता दो निकाल क्या है?

मैं किससे पूछूँ, किसे पता है
उरूज क्या है? जवाल क्या है

तुम्हारी हस्ती, ख़ुदा की मर्ज़ी
तुम्हारा इसमें कमाल क्या है

○

इक बर्फ़ के साँचे में अगन डाल रहा है
यूँ अपने मुताबिक़ वो मुझे ढाल रहा है

ये कैसी ख़ुशी है कि मैं ख़ुश हूँ भी, नहीं भी
ये कौन-सा ग़म है जो मुझे साल रहा है

जब चाहे बढ़ा दे मुझे, जब चाहे घटा दे
वो दीप की मानिन्द मुझे बाल रहा है

सब ठीक था, सब ठीक है, सब ठीक रहेगा
क्या-क्या वो मेरे मन में भरम पाल रहा है

वो शख़्स जिसे मैंने झुलसने से बचाया
सुलगा के मुझे, आग में घी डाल रहा है

○

कम-ज़ियादा हुआ नहीं करता
इश्क़ हद में बँधा नहीं करता

प्यार करते हो और डरते हो
प्यार डर कर हुआ नहीं करता

जान देता हूँ, क्यूँ ये कहते हो
कोई कह कर मरा नहीं करता

मिलना क़िस्मत की बात होती है
कोई यूँ ही मिला नहीं करता

प्यार मुझसे भी, इससे, उससे भी
एक से वो जुड़ा नहीं करता

उसकी फ़ितरत में बेवफ़ाई है
ये वो क़स्दन किया नहीं करता

मैंने क्या-क्या सितम नहीं ढाए
क्यूँ वो कोई गिला नहीं करता

○

गुनाह करते हैं और बार-बार करते हैं
हदों को तोड़ के हम तुमसे प्यार करते हैं

है किससे, कितना हमें प्यार पूछते क्या हो?
तुम्हीं से करते हैं और बेशुमार करते हैं

कोई सबब ही नहीं तुमसे प्यार करने का
यही सबब है कि हम तुमसे प्यार करते हैं

पड़ेगा वक़्त बुरा जब, तो आज़मा लेना
अभी से क्या कहें हम जां निसार करते हैं

वो एक दिन कि जिसे रोज़े-हश्र कहते हैं
उस एक दिन का ही हम इन्तज़ार करते हैं

○

दिल और दिमाग़ करते हैं झगड़े कमाल के
अब फ़ैसला करूँगी मैं सिक्का उछाल के

जिसका जवाब 'हाँ' और सिर्फ़ 'हाँ' ही था मगर
सौ-सौ मिले जवाब मुझे उस सवाल के

मुझसे मेरे मिजाज़ का आलम न पूछिये
क़ातिल को ख़ुद दिया है कलेजा निकाल के

मुझको मेरे वुजूद से हासिल हुआ है जो
उसको बरत रही हूँ मैं बेहद सम्हाल के

ख़ुद को हर एक ज़ाविये से देखती हूँ मैं
ग़ज़लों में ढाल के कभी नज़्मों में ढाल के

मुत्फ़रिक अश्आर

मैं सज गयी तुम्हारी शेल्फ़ में ट्रॉफ़ी की तरह
सबको दिखलाओ किसी ऊँचे खिलाड़ी की तरह

मेरी ख़्वाहिश कि डूब जाऊँ मैं
मेरी मजबूरी कि तैराक हूँ मैं

उसने इतने चेहरे बदले
अपना चेहरा भूल गया

ऐ शोहरतो! बख़्शो मुझे, गुमनाम हो जाने दो अब
सागर से बिछड़ी बूँद हूँ, सागर में खो जाने दो अब

कहीं दम घुट न जाये क़ुर्बतों में
हमें क्या अब जुदा होना पड़ेगा

मंज़िल मिले, मिले न मिले, रास्ता तो है
रहरौ हूँ मंज़िलों से मेरा वास्ता तो है

ख़याल हूँ कि सोच लो मुझको
न जाने कब मैं ख़्वाब हो जाऊँ

मिलूँगी तुमसे
जुदा तो हो लूँ

□□